融资理论研究

企业家

商海岩◎著

中国财经出版传媒集团

经济科学出版社
Economic Science Press

图书在版编目（CIP）数据

企业家融资理论研究/商海岩著. —北京：经济
科学出版社，2021.11
ISBN 978 - 7 - 5218 - 3172 - 6

Ⅰ.①企⋯　Ⅱ.①商⋯　Ⅲ.①企业融资 – 研究　Ⅳ.
①F275.1

中国版本图书馆 CIP 数据核字（2021）第 248451 号

责任编辑：于　源　李　林
责任校对：齐　杰
责任印制：范　艳

企业家融资理论研究

商海岩　著

经济科学出版社出版、发行　新华书店经销
社址：北京市海淀区阜成路甲 28 号　邮编：100142
总编部电话：010 – 88191217　发行部电话：010 – 88191522
网址：www. esp. com. cn
电子邮箱：esp@ esp. com. cn
天猫网店：经济科学出版社旗舰店
网址：http://jjkxcbs. tmall. com
北京季蜂印刷有限公司印装
710 × 1000　16 开　12.75 印张　210000 字
2021 年 12 月第 1 版　2021 年 12 月第 1 次印刷
ISBN 978 – 7 – 5218 – 3172 – 6　定价：58.00 元

前　言

　　企业家融资是企业家与投资人合作共同获取企业利润的过程。在这个过程中，企业家通过融资实现自己的创意；投资人通过投资从企业家创新中获得更高的收益。在企业家与投资人相互博弈的历史中，如何约束企业家的动物精神、机会主义，促进企业家不断创新，始终是企业家融资理论研究主要的问题。在我国社会主义建设的过程中，党始终重视企业家队伍的建设，激励企业家创新，积极引导规范企业家投资活动。习近平总书记指出："我们全面深化改革，就要激发市场蕴藏的活力。市场活力来自于人，特别是来自于企业家，来自于企业家精神。"[①] 2017 年 4 月，中央全面深化改革领导小组第三十四次会议审议通过了《关于进一步激发和保护企业家精神的意见》，为激发企业家精神提供了指导。在中央文件精神的指导下，探索如何引导企业家融资，将融资更多用于创新，成为新时代经济建设、制度建设迫切需要解决的问题。本书在已有文献的基础上，梳理了企业家融资的相关理论，分析了企业家融资面临的种种问题，研究了促进企业家创新的激励机制，并针对融资制度存在的问题，提出了一些建议。

　　熊彼特（Schumpeter，1912）在《经济发展理论》一书中指出，企业家是创新的组织者，是企业的灵魂；企业家的重要使命就是打破旧的均衡，实现创新并形成新的均衡。但是熊彼特也指出，企业家自有资金并不足以支付创新的消耗，需要向投资人进行融资。在现实中，投资人通过投资获得企业的部分控制权，监督企业家从事创新活动，并得到利润分成。

---

　　① 习近平：《谋求持久发展　共筑亚太梦想——在亚太经合组织工商领导人峰会开幕式上的演讲》，人民网，2014 年 11 月 10 日，http://jhsjk.people.cn/article/26001014。

企业家通过与投资人签订融资合约，开始企业的创新活动；在企业创新的进程中，往往会出现合约难以预料的收益、成本等发生，使得创新过程呈现复杂性。本书以企业家创新为起点，运用逻辑分析和历史分析的方法演绎企业家融资的进程，并从以下几个部分展开企业家融资理论的讨论：

第一部分在绪论之后，是企业家融资理论的演进。通过梳理前古典、古典、新古典和现代的企业家融资理论，对比分析企业家融资理论在不同时期研究的重点。在前古典时期，企业家被认为是具有冒险精神的人，强调企业家承担风险的能力，融资是企业家与投资人共同利用资本获取风险收益的行为。古典时期开始注意到企业家识别"生产什么"的重要意义，但是仍然没有区分利息与利润，也就无法界定企业家融资分割的对象。新古典经济学过分强调了要素的同质性，忽视了企业家才能的特殊性。现代融资理论开始强调企业家才能的异质性，认识到只有企业家的创意才能形成利润，投资人与企业家分割的对象是企业家创新形成的利润。

第二部分是企业家融资谈判的权利根源。首先指出了企业家与投资人融资谈判的对象是企业家创新租金，青木昌彦（Aoki Masahiko，1999）称之为组织租金。在组织租金如何分割的问题上，不同时期的理论观点并不一致。古典和新古典理论都强调物质资本在投资冒险中的作用，强调物质资本应该享受所有的剩余；现代企业理论指出，企业家的人力资本是组织租金产生的主要根源，企业家应该与投资人共享租金。本部分指出企业家谈判权利的根源是企业家才能，投资人谈判权利根源是物质资本。

第三部分是企业家与投资人融资合约的模式。第一步是分析企业家与投资人在完全合约下的谈判：首先是研究分成谈判的理论基础，描述青木昌彦（1999）的模型；然后设定企业家的效用函数；最后建立完全合约下企业家与投资人的纳什谈判模型，强调企业家人力资本在谈判分成中的作用，提出了企业家融资谈判与委托代理理论之间的区别。第二步是研究不完全合约视角下的融资谈判：首先建立讨价还价模型，然后模拟了企业家与投资人谈判的过程，推演企业家信息优势随时间消失的过程，建立谈判力转移的模型。

第四部分是控制权视角的融资合约。首先探讨了合约的本质，然后分析了融资制度对企业家的筛选，指出企业家必须是有一定资本的人。再分析了控制权对企业家的重要性，指出为了保证控制权，企业家宁肯降低企业的规模，减少融资的幅度，以保证创新所需要的控制权。

第五部分是制度企业家的融资行为。首先梳理了制度企业家的一些文献，研究了中国的融资制度，分析了企业家融资活动中腐败与机会主义的制度根源和文化根源，针对融资制度指出了当前存在的问题；最后实证分析了腐败与企业家创新之间的关系，指出腐败阻碍了企业家创新，应该从制度方面阻止腐败。

第六部分是企业家融资与创新活动的经验分析。通过梳理文献，建立起各种指标，利用空间面板，对企业家集聚与融资、创新的关系进行了经验分析。进一步针对负债企业创新进行了研究，指出政府的财政支持对负债企业创新有明显的正向调节效应，应该加大对负债企业创新行为的财政支持，引导金融资源与企业家创新活动结合起来，共同推进经济发展。

第七部分是政策与建议。对企业家融资理论进行了回顾，指出了当前研究仍然存在的问题，针对企业家融资的现状，提出了政策与建议。

企业家融资理论既是一个古老的话题，又是当前面临的新问题。面对复杂的经济发展环境，企业家创新不仅是企业的要求，也是新时代社会主义现代化建设的要求。当前我国经济面临着一些压力，利用创新驱动经济、提高经济质量是时代赋予企业家的责任；在党的各项路线方针的指引下，金融部门应该积极完善企业家融资制度，筛选具有创新能力的企业家。同时企业家也应该顺应新发展理念，紧抓百年机遇，充分组织资源，全力投入创新活动，为经济高质量发展提供动力。

目录
contents

第一章 绪论 ··· 1

    第一节 提出的问题、假设、研究意义与思路 ··············· 1

    第二节 方法、创新与资料来源 ··························· 7

第二章 企业家融资理论的演进 ······························ 11

    第一节 前古典、古典经济学中企业家的融资理论 ········· 11

    第二节 马克思的企业家融资理论 ······················ 17

    第三节 新古典时期以及奥地利学派的融资理论 ··········· 21

    第四节 现代融资理论的发展 ·························· 30

    第五节 企业家融资理论现代发展的主要脉络 ············· 35

第三章 企业家融资谈判的权利根源 ·························· 42

    第一节 组织租金是企业家融资谈判的对象 ··············· 42

    第二节 企业家的谈判权利 ···························· 51

    第三节 企业家谈判力与投资人谈判力的区别 ············· 58

第四章 企业家与投资人融资合约形式 ······················ 65

    第一节 企业家的类型与合约选择 ······················ 65

    第二节 企业家的效用函数 ···························· 71

    第三节 完全合约下的企业家与投资人的谈判 ············· 77

    第四节 不完全合约下的讨价还价 ······················ 81

第五章 控制权视角的融资合约 ···························· 88

    第一节 融资的本质 ································· 88

第二节　融资方式对企业家的逆选择 ┄┄┄┄┄┄┄┄┄┄┄┄┄ 94

第三节　企业家融资特性 ┄┄┄┄┄┄┄┄┄┄┄┄┄┄┄┄┄┄┄ 97

第四节　企业家的融资模型 ┄┄┄┄┄┄┄┄┄┄┄┄┄┄┄┄┄ 102

第六章　制度企业家的融资行为 ┄┄┄┄┄┄┄┄┄┄┄┄┄┄┄ 105

第一节　制度企业家的文献与概念的提出 ┄┄┄┄┄┄┄┄┄┄ 105

第二节　制度环境与融资安排 ┄┄┄┄┄┄┄┄┄┄┄┄┄┄┄┄ 107

第三节　中国制度企业家的形成 ┄┄┄┄┄┄┄┄┄┄┄┄┄┄┄ 110

第四节　中国制度企业家的融资特性 ┄┄┄┄┄┄┄┄┄┄┄┄ 114

第五节　融资制度变迁中的企业家与投资人 ┄┄┄┄┄┄┄┄ 119

第六节　腐败与企业家融资中的机会主义 ┄┄┄┄┄┄┄┄┄┄ 124

第七节　地方干预与企业家精神 ┄┄┄┄┄┄┄┄┄┄┄┄┄┄┄ 127

第七章　企业家融资与创新的经验分析 ┄┄┄┄┄┄┄┄┄┄┄ 141

第一节　理论与区域创新现实 ┄┄┄┄┄┄┄┄┄┄┄┄┄┄┄┄ 141

第二节　融资与创新的关系检验 ┄┄┄┄┄┄┄┄┄┄┄┄┄┄┄ 147

第三节　负债、补贴与企业家创新 ┄┄┄┄┄┄┄┄┄┄┄┄┄┄ 154

第八章　政策与建议 ┄┄┄┄┄┄┄┄┄┄┄┄┄┄┄┄┄┄┄┄┄ 167

第一节　企业家融资理论的总结 ┄┄┄┄┄┄┄┄┄┄┄┄┄┄┄ 167

第二节　政策与建议以及继续探讨的问题 ┄┄┄┄┄┄┄┄┄┄ 170

参考文献 ┄┄┄┄┄┄┄┄┄┄┄┄┄┄┄┄┄┄┄┄┄┄┄┄┄┄┄ 173

第一章 绪 论

第一节 提出的问题、假设、研究意义与思路

一、研究背景、问题与假设

（一）研究背景

改革开放以来，我国经济从贫困到温饱，再到全面建成小康社会，走出了不平凡的增长之路。回顾和分析驱动增长的因素，既有党的正确领导、充分发挥社会主义优越性的作用，也有吃苦耐劳、艰苦奋斗劳动者的作用，当然还有社会主义市场经济中善于抓住机会、不断进取的企业家创新的作用。从改革开放前的产品种类单一、外汇收入微薄到各种产品云集、3万多亿美元的外汇储备规模，无处不展示着我国企业家敢于担当和积极创新的精神，创新提高了我国的劳动生产率，创新促进了产业升级，创新也实现了劳动力的就业，为攻坚扶贫、全面建成小康社会做出了贡献。企业家是创新的主体，企业家精神是创新的来源。习近平总书记曾经指出："市场活力来自于人，特别是来自于企业家，来自于企业家精神。"企业家精神内涵丰富，包括爱国敬业、艰苦奋斗、创新发展、专注品质、履行责任、敢于担当等，其中最核心的是创新精神。创新精神是企业家的灵魂。党的十九大确立了决胜全面建成小康社会、开启全面建设社会主义现代化国家新征程的奋斗目标。要实现这一目标，必须增强创新这一引领发展的第一动力。大力弘扬企业家创新精神，已成为新时代的必然要求。①

---

① 景平：《新时代须大力弘扬企业家创新精神》，载于《求是》2018年第17期，第62~63页。

从历史上看，企业家并非天然就是推动经济发展的舵手。古罗马帝国时代所谓的企业家曾经是投资人的"白手套"，是帮助投资人肆意利用资本敲诈、勒索民众的工具。"在古典时期，最有利可图的三个领域是包税制、承建公共工程以及宫廷、神庙和军队的物资供应。企业家并非简单是人们认为的具有想象力和创新性地增进自身财富、权力和声望的个体，"鲍莫尔（Baumd，1990）认为，"他们并非都是满足这些目标的活动是否或多或少有利于增加社会产品，进而是否会阻碍社会生产"①。由于贸易能够带来众多的利益，古典的投资人曾经要求高额的利息回报，以至于查士丁尼大帝于公元 528 年限制了利率，规定了最高的利率为 12%②。

随着社会经济制度的进步，最终使企业家成为人类社会创新的推动者。当然，现代经济当中，人性善与恶的较量依然存续，比如 2008 年无度的融资活动是美国等国家爆发金融危机的主要原因。2015 年以来，由于融资平台、金融工具的暴增，中国也出现了众多融资平台的"跑路"现象。

以上这些现象表明了企业家融资活动的复杂性，本书就是要探讨企业家融资的目的、谈判权利以及如何通过合约制度设计来规范企业家的融资行为，激励企业家使用融资资金进行创新，为人类创造更大的福利。

（二）研究对象

企业家融资理论主要研究的是企业家在资本受约束的情况下，向投资人进行融资谈判的问题。企业家融资理论不同于企业的融资理论，企业家融资理论侧重于企业家本身的控制权问题，而企业的融资理论侧重于企业价值化最大的问题；同时企业家的融资理论也不同于经理的融资理论，经理的融资理论主要侧重于代理成本的问题；企业家融资理论是在尊重企业家人力资本基础上，探讨如何通过合约让企业家获得应有的权利，专心组织资源去创新而不是投机的理论。在企业家创业进程中，由于企业家向投资人融资，双方成了利益相关者，创新利润成了双方分割的对象。如何分割创新利润、如何谈判，以及如何利用融资制度对企业家进行筛选、如何在保证企业家控制权的情况下，通过谈判确定企业家融资的份额等，都是

---

① Baumol, William J. Entrepreneurship Productive, Unproductive, and Destructive, Journal of political Economiy, 1990, 98（6）：893 – 921.

② Jones, A. H. M. The Later Roman Empire, A Social Economic and Administrative Survey. Norman ：University of Okalahoma Press, 1964（10）：284.

本书研究的内容。

（三）本书假设

（1）假设拥有一部分自有资金的企业家创新行为受到资本的约束，需要与投资人签订合约，企业家拥有创意即企业家的判断，想通过融资的手段建立企业家拥有控制权的企业。

（2）假设不考虑员工的人力资本因素，或者说员工劳动是同质性的一般劳动，没有分享剩余的权利。

（3）假设投资人没有任何创意而且资本不受约束。

（4）企业家一般是风险规避或者中性的，而且收益与风险偏好正相关。

（5）投资人与企业家都具有垄断性。只有一个投资人群体与一个企业家群体。

（6）信息的沟通会造成企业家创意优势逐渐流失，企业家创新垄断优势仅仅在开始阶段存在，投资人有足够的能力与时间去理解企业家的创意。

（7）创新的租金可以衡量，但是创业过程存在不能被第三方证实的可能性。

二、企业家融资理论研究的意义

综观整个经济学说史，每一个理论分支无不深深印下了时代现实与理论背景的烙印。企业家融资理论也不例外，在不同的时代有不同的关于企业家融资理论的论述，这既是时代的要求，也是理论演进的自然过程。今天重新研究企业家融资这个话题，也是因为企业家融资理论无论从现实需求方面还是从现有理论发展的方面，都存在一定的不足，需要进一步去完善它。

1. 现实意义

从现实的意义上说，企业家的融资理论在不同的时代有不同的演绎。在世界刚刚进入工业社会的时候，分工并不是很发达，单个企业的规模也比较小，因此企业家自己有足够的资金去开办企业，也有足够的能力去掌握企业，这时候的企业家往往都是企业家与投资人紧密结合在一起的，在古典和新古典经济学的著作里，企业家也往往被认为是投资人。企业内最重要的要素是"物"，是根据边际贡献索取报酬的同质性物质要素，企业家本身的人力资本特质被抽象掉了。经济学的重点也是研究一般化生产要素的选择与分配。斯密（Adam Smith，1776）曾认为利息与利润都是资本的报酬，是一种剩余的收入。后来新古典的经济学家马歇尔（Alfred Marshall，1890）则强调利息由纯利息和管理风险的报酬组成，纯利息是等待的报酬，其他的报酬来自管理风险，以上对企业家的人力资本特质都没有给予重视。

20世纪初经理与投资人的分离，产生了经理阶层，经理的产生使得代理问题成了经济学热点，经济学家们开始热衷于研究"投资人的企业"，也就是投资人怎么样用激励和监督的手段去使得经理行为尽可能符合自己的目标，融资理论方面主要是探讨"经理的融资理论"，"经理的融资理论"深刻地揭示了"投资人的企业"内部的代理问题，探讨股东怎样构建防止经理滥用融资权利谋取利益的机制。

二战以后，随着技术的进一步发展，很多人开始通过融资开辟自己的事业，中小企业如同雨后春笋般不断涌现，凭着善于创新的企业家才能，新兴的企业家群体迅速崛起。在新的时代背景下，无论是强调均衡与"同质化"的古典和新古典理论还是强调"代理成本"的管理者理论都已经不适应时代的要求，现实迫切要求建立一种关于企业家的融资理论。在"企业家的企业"中，融资问题成为企业家创业面对的主要问题，因此，企业家融资理论具有一定的现实意义。

2. 理论意义

从经济学理论演进的思想史上看，一个成熟理论的诞生，总是和当时理论知识的供给和需求有着巨大的关系。从供给方面说，古典经济学时代企业理论与人力资本理论都没有出现，因此，尽管很多经济学家都天才地感觉到企业家才能的存在，但是由于理论的基础不够，对企业家才能的认识都是肤浅的和片面的。如坎蒂隆（Cantillon，1775）很早就发现企业家与市场里的"风险"有关系，但是不能够指出为什么有关系，企业家为什么可以抗拒风险。萨伊（Say，1803）认识到了企业家的经营才能是一种特殊的要素，但是没有揭示出这种特殊要素的"硬核"是什么。所以古典的企业家融资问题没有去研究企业家的问题，而是研究资本的剩余索取权问题，基于这个理论背景，古典经济学的企业家融资理论更侧重于企业家与债权人的风险偏好差异以及资本的供求状况引起的利润分割问题。

知识的演进总是要经过一定量的积累，才会"自然"地产生新的理论,企业家融资理论也不例外。在奈特(Knight,1921)提出了企业家与不确定性的关系后,舒尔茨(W. Schultz,1960)等提出了人力资本理论,管理者理论对于控制权和声誉问题进行了深刻分析,以及奥地利学派对于企业家的行为特征进行深刻揭示之后,一个充满生机的企业家理论才逐渐显现在我们面前。因为企业家理论的产生,研究企业家的融资理论有了理论的基础,整个企业家融资理论框架也能够顺利地搭建起来。

同时从需求方面讲,新时代分工经济的深化也需要对企业家进行更加深刻的认识,厘清企业家与投资人的分工,阐述企业家与投资人分成的依据。身处当今这个创新不断涌现的社会,已经出现的"企业的融资理论"(强调融资对企业价值的影响)和"经理的融资理论"都不能适应"企业家的企业"面临的现实状况。前者过于强调企业的融资财务结构对企业价值的影响,是基于将企业看成黑箱的古典和新古典理论而提出的,忽视了企业的内部结构,而后者则强调对经理的激励与监督,这在企业家的企业里并不是主要问题,对新理论的需求促进了理论的创新,重新对知识进行梳理和综合,形成企业家融资理论。

三、企业家融资理论的思路

在回顾过去的理论中发现,在企业家融资理论里,实际上有两个问题是最重要的,一是企业家人力资本的特质,二是创新租金的分割。因为这种创新租金是由企业家创意通过组织资源创立的[①],如何分享创新租金是企业家融资理论的主题,本书的思路有以下几个方面:

(一)关于企业内分配组织租金的权利

企业家创意通过对社会资源的有效集聚,实现资源配置状态和经济组织形态的变革,给企业带来"组织租金"收入。组织租金是基于企业异质性假设的理论产物,新古典经济学不承认这种特异性,他们认为所有的要素都是"同质的"。古典经济学虽然承认要素的异质性,但是由于企业家的理论基础知识不足,在解释组织租金的时候就陷入了一些荒唐的理论陷阱,如坎蒂隆(Cantillon,1982)因为没有抓住这种特异性,认为只要能够抵抗风险都可以产生组织租金,从而将企业家与赌徒混为一谈,显示出古典

---

① 青木昌彦(2005)称之为组织租金,本书后文有时我们用组织租金来代替创新带来的利润。

经济学在描述企业家人力资本特质时以经验性为基础，缺乏本质的论述。

经过奥地利学派、人力资本学派的理论奠基之后，经济学家逐渐认识到企业家人力资本的特异性是组织租金的重要来源，企业家可以在某个特定阶段实现边际报酬递增，推进经济增长加速。企业家的作用在于将企业各种资源整合在一起，以获得大于单个成员从事经营活动收益之和的组织租金。这种企业家人力资本的特质就是企业家判断，马克·卡森（Mark Casson，1982）对此曾经进行了详细的分析。由于存在人力资本特质，企业家发现了市场机会，减少了不确定性。同时，物质资本的拥有者——投资人承担了投资后果的不确定性，因此双方都拥有分享组织租金的谈判权利。

（二）关于组织租金的分配

既然由企业家与投资人一起分享组织租金，就应该共同选择一个合理的分配框架，只有这个框架合理，投资人才愿意与企业家组成一个企业团队，企业家才能顺利完成融资。所以说企业家与投资人的分成是重要的。

那么分成比例由什么决定的呢，首先是企业家的效用，因为在谈判中，企业家占有优先权（注意不是绝对优势），是企业家首先发起组织企业，他有权选择自己的合作伙伴，因此，企业家首先根据自己的效用决定是不是去组织一个企业，然后根据自己的利益与投资人进行谈判。效用函数的构建应该根据企业理论的一些观点，将企业家最关注的控制权配置作为核心问题分析。

在谈判的过程中，投资人依据的谈判力是自己的资本，而企业家主要是依据自己的"创意"——企业家判断。谈判又根据合约的完全性而采用不同谈判形式。在完全合约中，由于一切都具有预见性而且判断双方的行动可靠，企业家完全可以通过最优化选择来解决问题，不用考虑合同推进带来的不确定性。

但是在不完全合约的情况下，企业家与投资人围绕着"创意"知识的"流入"（企业家新的创意）与"流出"（投资人对创意的了解）进行斗争，因为投资人的谈判力——资本是不变的，而企业家的谈判力——创意垄断优势，则是不断随着知识分配的对称性而衰减的，因此谈判的分成也在不断变化，更明确地说，如果企业家创意被投资人全部掌握，他也就没有人力资本方面的谈判力了，当然本书也指出这不是一个最优的结果。

企业家根据自己的谈判力决定自己的融资份额，与投资人分享组织租金与控制权。但是如果双方是按照出资份额进行分成，则企业家的人力资本没有得到尊重，企业家就会选择自己的最大控制权来决定融资，因此，为了控制权，企业家可能会扩大和缩小融资规模。

（三）企业家的融资必须从企业家理论的视角考察

企业家的融资不同于投资人或者职业经理人的融资，投资人融资考虑的是自己分成中的份额问题，如果份额合适，控制权并不重要；另外，从企业的内部来看，投资人还希望通过融资来达到降低代理成本的作用；相反，经理主要考虑自己的收益而不是企业的价值，公司的融资结构是和经理收益紧密相连的，经理在度量自己在职消费收益和被清算的风险之后，得出企业的融资结构。企业家融资不同于以上两种情况，对于一个优秀的企业家来说，控制权是重要的，是第一位的，在职消费等问题是不重要的。控制权的获取主要决定于企业家的谈判力，谈判力又取决于企业家人力资本特质，而企业家人力资本的特质正是企业家理论所研究的对象。因此，研究企业家的融资理论不能离开企业家理论。这个思路可以细化为图 1 –1。

第二节　方法、创新与资料来源

一、本书的研究方法

（一）逻辑推理、实证分析与历史演进结合的方法

从企业家融资理论的演进到最后进行中国经验的实证分析，始终坚持逻辑推理与历史演进相结合的方法。既从思想史和经济史角度回顾了企业家融资理论的发展进程，分析了前古典、古典到新古典、现代融资理论等，又在理论演进中穿插了古罗马时期、古典时期、股份制企业时期以及当代网络金融和三板融资制度等，并采用了合作博弈分析了企业家融资的合约设计，突出了逻辑推理、理论演进与实证分析结合的特点。

（二）空间计量回归等实证分析的方法

根据理论的结果对我国企业家融资的现实进行了空间计量的回归实证分析，得出了与理论相符合以及不符合的地方，并对展现的问题进行了具体的分析。

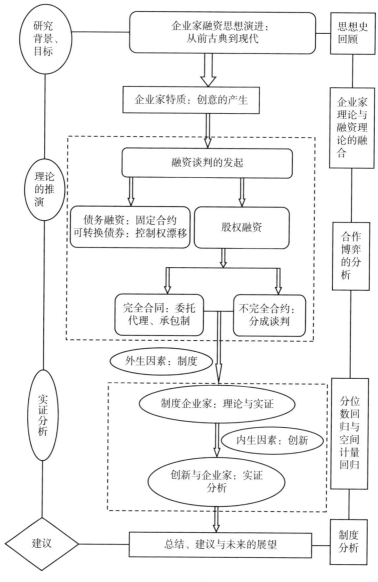

图 1 − 1 本书的逻辑路线

（三）制度分析的方法

对制度企业家的融资特点进行了具体的制度分析，从现有的三板制度、企业进入和退出设计等方面，指出地方政府的"父爱"主义对制度的干扰，同时对企业家融资过程中的非生产性活动产生的根源进行了制度分析。

（四）理论与案例相结合的方法

在第二章～第六章的理论论述中，本书强调了企业家的一些共同特征，抽象掉了一些不必要的变量，同时通过大量实例将理论回归到现实，分析企业家融资中的问题。

二、创新之处

（一）理论的融合

本书将合约理论、新古典理论、人力资本理论以及奥地利学派融合在一起，对企业家融资理论进行了梳理和发展。以往对融资理论的研究往往拘泥于企业价值以及代理成本问题等，分析企业家的一些观点也主要拘泥于奥地利学派的思想；在论述企业家的融资方面，又过度关注于人力资本的产权方面。本书提出，企业家融资理论必须将奈特的关于利润与不确定性学说、人力资本理论中关于人力资本的产权特征学说、合约理论中关于权利配置的理论论述以及奥地利学派的企业家特征学说结合起来，才能说明企业家融资的谈判权利根源，构建出企业家融资理论的研究框架。

（二）突出了分成合约的作用

本书分析了完全合约和不完全合约的形式。过去的文献往往在融资的时候偏向于研究代理成本问题，其实在企业家的企业中，代理成本不是一个主要问题，主要的问题应该是企业家与投资人如何采用合适的分成合约来激励投资人与企业家共同合作，但是由于合约具有不完全性，分成合约也不是一次性解决的，对于事后的分成，双方往往要通过重新谈判，这是不可避免的双方的谈判主要是围绕企业家的创意与投资人对企业家创意知识的了解程度展开，分成合约是变动的而不是一成不变的。本书通过模型演绎了这一观点。

（三）提出"企业家的企业"重视控制权问题

本书提出控制权作为中心才是企业家融资理论的关键，并推演出在尊重企业家人力资本与不尊重人力资本情况下的融资份额。

（四）指出在分成的过程中人力资本的重要性

如果不考虑企业家的人力资本的话将造成企业家投资规模约束，当前我国企业最大的特点是在企业家的企业里忽视了企业家人力资本问题。

三、资料来源

资料主要来源于三个方面：

（1）有关的权威刊物与书籍，包括间接的引用。

（2）有关网站上的数据，并附有网站名称。数据主要来自各年度《中国统计年鉴》、各省份统计年鉴和各年度《中国检察年鉴》。

（3）来源于采访与观察，因为经济学的理论只有与现实结合才有说服力。

第二章　企业家融资理论的演进

第一节　前古典、古典经济学中企业家的融资理论

在《新帕尔格雷夫大词典》中，融资是这样定义的：融资是指为支付超过现金的购货款而采取的货币交易的手段或者为取得资产而集资采取的货币手段，常发生在个人或者企业之间。① 也就是说，融资就是一个为交易和生产而诞生的手段，从本书观点来看，融资是企业家梦想实现的渠道。

企业家是一个复合的概念，至今并没有形成一个统一的概念，根据卡森（1996）在《帕尔格雷夫大词典》里的解释和熊彼特（1912）等的观点，企业家是在个人条件上拥有企业家才能、同时有着创业所需要的部分资本的人，他们具备企业家精神的特质，同时又拥有专业知识以抗拒不确定性。

从文献上看，企业家融资理论的研究现在还不成熟，理论对于企业家的特质以及思想史的发展脉络还没有厘清。为了更好地描述企业家的融资，必须对前古典以及古典经济学的研究进行梳理，从理论发展的脉络来看，尽管思想论述比较粗糙，但是在古典以前以及古典经济学的企业家融资理论中，诸如讨价还价、剩余分享等现代融资理论的思想已经出现，当然，也有很多思想的宝贵萌芽在理论的长期演化中被冲洗掉了，这里再次将它们发掘出来。

---

① 约翰·伊特尹尔、皮特·纽曼、默里·米尔盖特等：《帕尔格雷夫大词典》（第二卷），经济科学出版社 1996 年版，第 162 页。

一、前古典的经济史事实

在古典和前古典时期，企业家并非如同现在一样，是国家财富创造、组织资源的主体。在草原文明、海洋文明以及大河文明中，[①] 企业家并没有比军事征服者、政治领袖对国家的贡献更大，古代的企业家最先产生于商业，被称为商业企业家，在资金方面，由于社会阶级地位不高，主要受到以官员为主的文明古国财阀和祭司的剥削，企业家主要做的工作是通过流通获取中间的一点差价。

防止企业家将融资滥用是企业家融资理论中的永恒话题。在古典时期的企业内，企业家也是被投资人、官僚们防范的对象，为了获取资金，企业家一般将土地作为主要的抵押物。出于防止企业家欠债不还的考虑，古代用姻亲的办法作为契约的替代物，如巴比伦曾经实行将债务人认为义子，从而能够合法的在对方不还债时将对方的土地剥夺。出于对企业家的保护，汉谟拉比（公元前 1750 年）试图用"经济秩序"限制债权人，从而阻止债权人去剥夺债务人的土地，这可能是最早的"有限公司"的雏形。[②]

西方中世纪时期的企业家行为被认为是高尚的，投资人则不是，这是因为基督教歧视放贷者的原因，投资家与企业家曾经因为经济行为的差异而界限分明，在基督教教义中放债被认为是不道德的行为，得不到法律的保护，因此放贷也具有一定的风险。但是当放贷者与权力结合起来是另一回事，如约菲（Yoffee，1995）曾经将放贷者也称为企业家。

总之，古典和前古典融资者的特点是：

一是一般集中于商业贷款。放贷者喜欢向商业投资，生产性贷款较少。

二是受宗教影响比较严重，资金的总量较少。

三是缺乏票据，时间短，集中于长途贸易，债务的抵押、信用都相对脆弱，在制度安排上，赋予了投资人更高的地位。

四是由于依附于一些政治势力，企业家地位较低，古典的国家收入大

---

① 草原文明一般孕育了游牧国家；大河文明孕育了农耕国家，如四大文明国家；海洋文明一般认为孕育航海国家，如古希腊。

② 转引自戴维·兰德斯、乔尔·莫克、威廉·鲍莫尔：《历史上的企业家精神——从古代美索不达米亚到现代》，姜井勇译，中信出版社 2016 年版，第 31 页。

多来源于掠夺和剥削，企业家在经济中的作用并没有发挥出来。由于长期的战乱等原因，企业家的资金来源经常枯竭。[①]

二、坎蒂隆经济思想中的企业家与融资——一个最初的讨价还价融资模型

在前古典的经济学家中，坎蒂隆是一颗耀眼的明星。坎蒂隆是对企业家进行考察的最早的人，同时也是对融资活动从讨价还价的角度进行考察的最早的人，他的思想尽管在很长时间被人们所遗忘，但是自从被杰文斯发现之后，人们逐渐开始意识到他思想里所蕴含的现代经济学因素。他的主要思想包括：

（一）企业家特质

坎蒂隆将市场看作一个由各种角色的人组成的网络，在这个网络中，他把经济活动者划分为三种类型：土地所有者、企业家和被雇用的人，其中"企业家"他用 Entrepreneur 这个词语来称呼，这个词语实际是从法语 Entreprendre 演变过来，后者当时主要是指领军远征而需要承担风险的人。企业家的职能是冒着风险从事市场交换，即企业家按照固定的几个购买生产要素和劳务，并将生产出来的产品以不确定的价格在市场上出售。他认为：

"一国的所有者是相互依赖的，可以将他们分为两类，即企业家与工资所有者；可以这么说，企业家所拿的是不确定性的工资，而所有其他人，当他们有工资时，其工资数额是确定的，虽然他们的职能与社会地位是很不相称的。将军领薪水，伺臣享俸禄，家仆拿工资，这些人属于后一种人。所有其他人，不管是具备了资本，还是不备资本，凭自己贡献赚取收益的，可以认为都是收入不确定性的情况下过日子，都是企业家，哪怕是乞丐和强盗，也是这一类人。"[②]

从这段话可以看出，他认为企业家的主要职能是抵御风险，在市场里产品生产出来能否卖出去，是一个很大的不确定性，这种不确定性与军事

---

① 转引自戴维·兰德斯、乔尔·莫克、威廉·鲍莫尔：《历史上的企业家精神——从古代美索不达米亚到现代》，姜井勇译，中信出版社 2016 年版，第 27～28 页。

② 转自小罗伯特·B. 埃克伦德，罗伯特·F. 赫伯特：《经济理论与方法史》，杨玉生、张凤林译，中国人民大学出版社 2001 年版，第 62 页。

家、乞丐的不确定性有着一致性。但是由于当时还不存在企业家理论基础，坎蒂隆没有说明企业家承担不确定性的特质性，只是感性地认为企业家与普通人具有不同的特质，这是古典经济学的一个特色，认为企业家是异质性的人。

当然，他也指出了承担这种不确定性的创新收益，这是较早提到这一点的经济学家：

"伴随着有风险和危险的技艺，例如创建者、水手、银矿开采者等等的技艺，应当得到与其所冒风险成比例的报酬，当需要更为危险的技能的时候，还应该给他更高的报酬，例如领航员、潜水员、工程师等。"①

可以看出，坎蒂隆定义的企业家有两个特点：首先企业家是承担不确定性的人，所获取的是剩余收入；其次是企业家不受财富的约束，"哪怕是乞丐"，也可以成为企业家。

（二）讨价还价式的融资

坎蒂隆在他的思想中还将货币理论与企业家理论联系起来，他赞成可贷资金的利息理论，并且断言："正如物品的价格是通过市场里的讨价还价……由卖主和买主的比例数决定的……一国的货币利息也是同样的方式，由放款人和借款人的比例决定的……一国货币的利息也是以同样的方式，由放款人和借贷者的比例决定的。"这是较早的联系两个理论的思想。他提到了投资人与企业家的讨价还价，并认为讨价还价与资本的总环境，也就是资本的供给与需求有关系，从而上升到了宏观层次，并且认为货币需求的作用更为重要：

"如果该国的货币的充裕是放款人造成的，增加放款人的数量无疑将使现行利率下降……由于支出的增加，业主会找出过多的事故，将需要按照各种等级的利息借款以便装备自己的营业，这样，由于业主的数目增加，利息率将会提高。"②

也就是说，企业家会根据自己事业的风险程度安排借款，企业家对于自己事业的风险偏好程度是影响利息的重要因素。可以将坎蒂隆的企业家融资思想总结如图 2-1 所示。

---

① 转自小罗伯特·B. 埃克伦德，罗伯特·F. 赫伯特：《经济理论与方法史》，杨玉生、张凤林译，中国人民大学出版社 2001 年版，第 97 页。

② 转自小罗伯特·B. 埃克伦德，罗伯特·F. 赫伯特：《经济理论与方法史》，杨玉生、张凤林译，中国人民大学出版社 2001 年版，第 62、64 页。

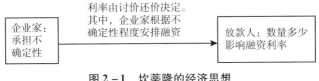

图 2 - 1　坎蒂隆的经济思想

三、古典经济学的企业家融资理论

（一）古典时期的宗教革命是融资活动大规模的开端

随着宗教革命的运动推进，企业家融资开始进入新的时期，并推动着企业家这个历史新角色在经济中变得越来越重要。其实在宗教革命的初期，加尔文并不认同高利贷在社会中的合法地位，融资的思想仍然被古板地认为是一种剥削，为了限制这种剥削，加尔文等认为在宗教中可以勉强接受 5% 的利息（Noonan，1957）。但是资本的利益猛兽一旦被放开，就难以被禁止了，融资的门槛很快被冲破了。在意大利的威尼斯等地，由于银行的融资行为，会计出现了借贷记账法等现代思想，会计和票据的出现推动了企业家融资活动的运动，由企业家推动的现代资本主义已经逐渐走上了历史舞台。

融资的开放推动了企业家行为的巨大发展，根据范·莱文等（Van Leeuwen et al.，1993）的估计，1620 年阿姆斯特丹有批发商 1 350 人，零售商有 2 600 余人，制造业企业家约有 150 人。加上其他的行业，在荷兰有大约 32.8% 的中青年人成为企业家。[①] 宗教改革、融资是打开现代经济的一把重要钥匙。

（二）斯密的企业家融资理论

思想史上企业家的特质经常被经济学抽象掉，但是古典时期，经济学家基于劳动异质性的考虑，还是研究了企业家特质。

比如，斯密尽管在他的理论中抽象掉了企业家的特质，但是，他还是承认利润存在的特殊性，他认为，利润的产生是因为"工作的愉快与否以及风险和安全"，他把利润看作资本的报酬，而不是企业的报酬，尽管斯

---

① 以上内容转引自转引自戴维·兰德斯、乔尔·莫克、威廉·鲍莫尔：《历史上的企业家精神—从古代美索不达米亚到现代》，姜井勇译，中信出版社 2016 年版，第 28~42 页。

密的这个观点按照新古典的视角来说是落后的，但是，我们不能不承认，它蕴含着丰富的现代企业理论，那就是企业家的特质是利润产生的原始要素。

斯密抓住了利润的特殊性，因为按照古典的平均化思想，利润是不能存在的，斯密对于利润的思考抓住了根本，没有企业家的特殊行为就没有利润，没有利润就没有资本主义的快速发展，从合理的现实出发，斯密认为，利润的主要特征是他们的不确定性：

"利润极容易变动，经营某行业的人，未必都能够说出他的每年平均利润是多少，而且要受到他的竞争者和顾客的运气的好坏、商品在海陆运输上或者在货栈内所可能遭遇到的许许多多偶然事件的影响……"①

斯密的理论中投资人与企业家是合一的，可以认为斯密理论中企业家的职能是抵御不确定性的，但是和投资人一起抵抗不确定的。

斯密进一步强调了融资中的剩余分享思想。他将利润定义为"由个人管理和应用之存量衍生的收益"，而把利息定义为"由个人所有自己不用而借给别人用的存量衍生的收益"，也就是说，利息本质上也是一种剩余，只不过是对创新收益的分享而已，这个思想后来被熊彼特阐述的更加清楚。斯密将利润概念定义为两种支付之和而形成的：利息收益和所冒风险之补偿。

斯密明确了关于利息是剩余一部分的说法："最低的普通利息率除了补偿贷款容易遇到的意外损失之外，还必须有剩余，甚至以非常慎重的态度的贷款也是须如此，否则，出借资金的动机就只能是善心和友情了。"②

可见，斯密与新古典的观点不同，他已经利用利息将投资人与企业家联系起来，认为利息没有获得保险，不是一种纯粹的保险收入，而是一种剩余收入，这和现代的资本利息并不是一个概念，利息是投资人与企业家进行分享剩余的结果，分享的理由是资本承担了企业家经营行为的不确定性。应该说，斯密的思想并不是落后的，而是后来的新古典理论过分地强调企业要素的同质化，忽视了企业家行为的特殊性，将不确定性看成了可保险的风险，因此也就将利息当成了一种保险性的固定收入。

---

①② 小罗伯特·B. 埃克伦德，罗伯特·F. 赫伯特：《经济理论与方法史》，杨玉生、张凤林译，中国人民大学出版社 2001 年版，第 98 页。

四、总结

古典的经济学和前古典的经济学认识到了企业家人力资本的特质，认识到了企业家投资行为的特殊性，这与现代企业家理论是一脉相通的。但是，古典和前古典经济学没有形成人力资本理论，在研究"生产交换分配"的过程中，都过分地强调物的作用，使得融资过程中的企业家将自己的收益完全按照资本的份额与投资人进行分享。这是对于人力资本忽视造成的理论缺陷，人们只看到了物质资本承担风险的作用，却忽视了企业家人力资本的作用。当然，古典经济学家并没有认为利息是一种保险份额，这是古典经济学进步的地方，这里突出了要素异质性的特点，这也是现代经济学所强调的地方。

第二节　马克思的企业家融资理论

一、创新主体、创新收益、资本积聚与资本集中

马克思从阶级视角提出了创新的主体学说，指出与机器大工业紧密联系的工人阶级是创新的主体，认为只有在第一线操作机器大工业的工人才是创新的主体，创新是重要的生产力，恩格斯曾经提到马克思非常重视创新，恩格斯在马克思墓前的讲话中提到，当马克思知道德国的高压线开始启动的时候，他的激动就非同一般了。正因为如此，马克思坚定地维护工业阶级的地位，强调工人阶级的先进性。这与后面熊彼特等的观点不同，后者强调企业家才是创新的主体。其实，准确地说，企业家应该是创新的组织者，而工人阶级以及作为工人阶级一部分的知识分子才是创新的主体。熊彼特没有分清楚这两个行为的区别，但是，作为组织者，企业家拥有融资的决定权、创新的组织权确实是应该的。

分清楚创新的主体，那么创新收益归属也就清楚了，创新会带来巨大的租金，马克思认为利润作为创新的租金，来源于产业工人创造的剩余价值，创新的租金应该是创新者，也就是知识分子和创新的工人阶级所有。单纯地将创新的收益赋予企业家去垄断是不合理的。但是马克思也指出，

投资人剥削剩余价值的目的，并不是单纯为了消费，而是为了再生产，将剩余价值再投入到生产过程中去，这就是马克思关于资本积累的学说。

马克思看到了单纯的资本积累，并不能组织巨大的创新活动，也不能适应资本主义发展的需要，在市场的竞争活动中，效率高的企业会淘汰落后的企业，将资本集中在少数人手里，从而促进企业资本集中。

马克思详细地定义了信用："信用，在它的最简单的表现上，是一种适当的或不适当的信任，它使一个人把一定的资本额，以货币形式或以估计为一定货币价值的商品形式，委托给另一个人，这个资本额到期后一定要偿还。如果资本是用货币贷放的，也就是用银行券，或用现金，或用一种对客户开出的支取凭证贷放的，那么，就会在还款额上加上百分之几，作为使用资本的报酬。如果资本是用商品贷放的，而商品的货币价值已经在当事人之间确定，商品的转移形成出售，那么，要偿付的总额就会包含一个赔偿金额，作为对资本的使用和对偿还以前所冒的风险的报酬。这种信用通常立有文据，记载着确定的支付日期。这种可以转移的债券或凭据成了一种手段，借助这种手段，当贷款人在他们持有的汇票到期以前，发现有机会可以在货币形式上或在商品形式上利用他们的资本时，他们多半可以按较低的条件借到货币或较便宜地买到商品，因为他们自己的信用由于有了第二个人在汇票上签字而得到加强。"[①]

马克思的融资学说中提到了三个问题：一是资本集中是企业家才能实现的必要条件，失去优势的企业家将变成单纯的投资人；二是信用在融资中的作用巨大；三是股份公司的出现使得一部分人可以通过融资关系联合起来。

二、关于借贷资本对创新的剥削性

马克思认为，创造剩余价值的是产业工人的剩余劳动，对于一部分借贷资本家而言，可以通过借贷资本的形式参与剩余价值的分配。

马克思对于剩余价值的分配进行了详细的会计计算，他认为，"借贷资本有三个特点：第一，它是一种资本商品，兼有资本和商品两重属性。第二，它是一种所有权资本或财产资本，即凭借资本所有权就可以直接取得资本收益的资本。第三，它具有自身独特的循环运动公式：$G-G'$。这个公式进一步掩盖了剩余价值的真实来源和资本主义剥削关系，因而借贷

---

① 托马斯·图克：《通货原理的研究》，张胜纪译，商务印书馆1993年版。

资本是一种最具拜物教性质的资本。"为一定期间把货币放出、贷出，然后带着利息（剩余价值）把货币收回，是生息资本本身所具有的运动的全部形式。"①

利息是职能投资人让渡给借贷投资人的一部分平均利润，体现着借贷投资人和职能投资人共同剥削雇佣工人的关系。利息是平均利润的一部分；平均利润分为企业利润和利息两部分，利息率等于利息与借贷资本的比率，利息率小于平均利润率。

影响利息率的因素有平均利润率与借贷资本供求状况。"我们已经知道，生息资本虽然是和商品绝对不同的范畴，但却变成特种商品，因而利息就变成了它的价格，这种价格，就像普通商品的市场价格一样，任何时候都由供求决定。因此，市场利息率虽然在不断变动，但在每一既定的瞬间，都像商品在每个时候的市场价格一样，不断表现为固定的、一致的。货币投资人供给这种商品，职能投资人则购买这种商品，形成对它的需求。这种情况在利润平均化为一般利润率时是不会发生的。如果一个部门的商品价格低于或高于生产价格（在这里要撇开每种营业所特有的、与工业周期的不同阶段联系在一起的），那么，平均化就会通过生产的扩大或缩小来达到，也就是说，通过产业资本投到市场上来的商品量的扩大或缩小来达到，而这种扩大或缩小又通过资本在各特殊生产部门的流入和流出来实现。由于商品的平均市场价格通过这个办法而平均化为生产价格，特殊利润率同一般利润率或平均利润率的偏离，会得到纠正。这个过程从来没有也从来不能具有这样的表现：产业资本或商业资本本身，像生息资本那样，对买者来说是商品。就这个过程的表现来说，它不过表现为商品市场价格的波动和商品市场价格到生产价格的平均化，而不是表现为平均利润的直接确定。事实上，决定一般利润率的是：（1）总资本所生产的剩余价值；（2）剩余价值和总资本价值的比率；（3）竞争不过这里所说的竞争，是指这样的一种运动，通过这种运动，投在各特殊生产部门的资本，力图按照各自相对量的比例，从这个剩余价值中取得相等的一份。"②

根据以上理论，马克思认为借贷利息应该小于平均利润率。因为马克思认为利息是一种保险收入，这种保险收入竞争的结果应该小于承担不确定性的利润率。

———————————

① 马克思：《资本论》（第三卷），人民出版社 2004 年版，第 390 页。
② 马克思：《资本论》（第三卷），人民出版社 2004 年版，第 412 页。

三、论述企业家融资的合约

马克思还进一步论述了关于企业家股份形式，"我们知道，并不是利润的每一个偶然的量的分割，都会照这样转变为质的分割。例如，一些产业投资人合股经营企业，然后在他们中间按照合法的契约来分配利润；另一些投资人则不是合股，而是各自经营自己的企业。后者就用不着按两个范畴计算他们的利润，把其中一部分当作个人的利润，把另一部分当作并不存在的股东的利润。因此在这里，量的分割不会转变为质的分割。在所有者偶然地是由若干法人组成的场合，才会发生这种分割，否则是不会发生这种分割的。"①

马克思在这里还进一步指出了关于股东与债权人的区别："对那种用借入的资本从事经营的生产投资人来说，总利润会分成两部分：利息和超过利息的余额。他（指的是'用借入的资本从事经营的生产投资人'，本章内余同）必须把前者支付给贷出者，而后者则形成他自己所占的利润部分。如果一般利润率已定，这后一部分就由利息率决定；如果利息率已定，这后一部分就由一般利润率决定。其次，无论总利润即总利润的实际价值量，在每个具体场合可以怎样同平均利润发生偏离，其中属于执行职能的投资人的部分仍然要由利息决定，因为利息是由一般利息率（撇开特殊的合法协议不说）确定的，并且在生产过程开始以前，也就是在它的结果即总利润取得以前，已经当作预先确定的量了。我们已经知道，资本真正的特有产物是剩余价值，进一步说，是利润。但对用借入的资本从事经营的投资人来说，那就不是利润，而是利润减去利息，是支付利息以后留给自己的那部分利润。因此，这部分利润，对他来说必然表现为执行职能的资本的产物；这对他来说确实也是这样，因为他所代表的资本只是执行职能的资本。他在资本执行职能的时候，才是资本的人格化，而资本在它（资本）投在产业或商业中带来利润，并由它（资本）的使用者用来从事本营业部门要求的各种活动的时候，才执行职能。因此，同他必须从总利润中付给贷出者的利息相反，剩下归他的那部分利润必然采取产业利润或商业利润的形式，他支付给贷出者的利息，表现为总利润中属于资本所有权本身的部分。与此相反，属于能动投资人的那部分利润，现在则表现为

---

① 马克思：《资本论》，人民出版社1975年版，第177～178、417页。

企业主收入，这一收入好像完全是从他用资本在再生产过程中所完成的活动或职能产生出来的，特别是从他作为产业或商业企业主所执行的职能产生出来的。因此，利息对他来说只是表现为资本所有权的果实，表现为抽掉了资本再生产过程的资本自身的果实，即不进行'劳动'，不执行职能的资本的果实；而企业主收入对他来说则只是表现为他用资本所执行的职能的果实，表现为资本的运动和过程的果实，这种过程对他来说现在表现为他自己的活动，而与货币投资人的不活动，不参加生产过程形成对照。总利润这两部分之间的这种质的区分，即利息是资本自身的果实，是与生产过程无关的资本所有权的果实，而企业主收入则是处在过程中的、在生产过程中发挥作用的资本的果实，因而是资本使用者在再生产过程中所起的能动作用的果实，所谓企业家才能的果实——这种质的区分绝不仅仅是货币投资人和产业投资人的主观见解。这种区分以客观事实为基础，因为利息归货币投资人所有，归资本的单纯所有者，也就是在生产过程之前和生产过程之外单纯代表资本所有权的贷出者所有；企业主收入则归单纯的职能投资人所有，归资本的非所有者所有。"①

马克思清楚地描述了关于合股融资与债券融资的区别，债券融资的投资人并不参与经营，因此，没有贡献出承担不确定性的"劳动"，而合股经营的投资人的资本具体执行了职能资本的要求，承担了不确定性，应该参与剩余的分配。

马克思关于创新主体、资本集中与借贷资本以及合股经营的理论是丰富的，也是最接近于现实的一种理论，特别是他对于合股经营与借贷资本的论述，详细地指出了两者的区别，只是由于当时人们对于风险与不确定性的描述还不够具体，加上企业家的理论也没有出现，马克思没有很清楚地说明这一区别而已，但是，马克思的理论将现代企业、企业家融资理论的一些特点基本上论述了出来。

第三节　新古典时期以及奥地利学派的融资理论

一、新古典时期的融资理论

新古典主义经济学中，最重要的特点就是要素同质性假设，在同质性

---

① 马克思：《资本论》，人民出版社1975年版，第417~419页。

假设中，几乎没有了企业家的地位。

（一） 马歇尔的融资理论

1. 对利息的分类

马歇尔（1890）在利息理论中详细地论述了关于利息的理论。他认为纯利息只是资本的报酬或等待的报酬，除纯息外还包括其他因素，这种利息叫作毛息。

纯利息之外的报酬来源于风险的管理。他举例子说，英国的一般好的证券利息是三厘，那是一种纯粹的利息，但是商人借款要四厘，多出的一厘实际上就是毛利息，是承担风险的报酬。

2. 指出融资合约的风险

马歇尔区分了两类风险，一类风险是二者所共有的风险。这类风险叫作他们所从事的某特定企业的企业风险；企业风险产生的原因很多，其中如原材料和成品市场的变动，式样的突然改变，新的发明，附近强大的新竞争对手的出现等。

另一类风险是负担这类风险费的人不是别人，而是借用资本去经营企业的人。这类风险他称为个人风险。因为借用资本者可能由于品质缺陷或者能力较差而无法偿还贷款，为了防止这种意外，必须向借贷者收取高额利息。马歇尔认为虽然借款人有时看起来很可靠，其实不然。他实际上并不像使用自己资本的人那样能正视失败，能够在投机事业稍有不顺利时，立即停止进行投资活动。相反地，如果借款人的人品不高，则他对自己的损失也许感觉不太敏锐，因为如果经营活动立即停止，他势必失去一切。如果他继续进行投机，则任何额外损失将落在债权人身上，而任何利益将属于自己。许多债权人由于债务人这种半欺骗的怠惰行为而遭到损失，也有少数人是由于蓄意欺骗而受损失的。例如，债务人可以用各种狡猾手段来隐瞒实际上属于债权人的那些产业，等到破产宣告以后，他可以另创新业；并逐渐动用他所隐藏的基金，而不致引起太大的嫌疑。①

马歇尔认为，债务融资因为存在抵押，承担的风险程度低，因此利息应该低，他举伦敦典当行业的例子，它们由于存在抵押，所以只有二厘五的纯利息。但是，如果没有抵押的融资，则利息应该包括风险收入。

马歇尔从企业的合约方面明确了企业家承担的风险，他指出："原始

---

① ［英］阿弗里德·马歇尔：《经济学原理》，廉运杰译，华夏出版社 2005 年版，第 468 页。

的手工业者，自己管理他的全部营业；但是，因为他的顾客都是他的近邻，只有少数是例外，他只需要很少的资本，生产的计划是由风俗为他安排的，除了他的家属之外，他不必管理劳动者，所以，对这些工作，并不要花很大的心思。""有些具有头等本领的自由职业者，因为没有招揽生意所需的特殊才能，而使得许多宝贵的活动变为无用，或者只获得很小的效果；如果他们的工作能由某种中间人为他们安排的话，那么他们会得到较好的报酬，过着较为幸福的生活，而且对于世界也会作出较大的贡献。""然而，英国的律师如果不充当雇主或企业家，也会担任最高级和最费心力的法律事务顾问。其次，许多最好的青年教师，不是直接向消费者出卖他们的服务，而是卖给一个大学或学校的管理机构，或是卖给安排购买他们的服务的校长。"①

因此，为了规避风险，复杂劳动的个体劳动者加入企业会变得更好。企业作为分工情况下规避风险的地方而存在。可惜，马歇尔没有进一步分析这一种"幸福生活"的内在根源，他只是仍然沿用分工的观点，指出作为复杂劳动需要企业组织，因为签约可以帮助他弥补自己知识的不足，在互相合作中获得利益。

3. 论述借贷企业家与投资人的谈判问题

马歇尔（1890）指出，借贷对于不同的企业家来说，与投资人谈判中地位是不一样的。在某种程度上是因为企业的性质和借款人的境遇的不同而不同。放款人对于借款人的进展情况很难作出独立的判断；在所有这些场合下，运用借贷资本的人处于极其不利的地位；而利润率主要是由自有资本者之间的竞争来决定的。②

但是，如果是那种稀缺的、没有很多人从事的企业，竞争也许并不剧烈，利润率可能很高，即利润会大大超过资本的纯息和与经营困难程度成比例的管理上的报酬。

同时，马歇尔还指出了企业家对于控制权的坚守，指出即使没有太高的利润，企业家宁可去借债也不愿意将自己的控制权交出。

"但在那些勇敢和不知疲倦的进取心可以迅速收效的工业中，特别是在昂贵商品的再生产成本较低而在短时间内可以获取厚利的部门，新起者则如鱼之得水，欣然自得，正是由于他当机立断，巧于策划，也许还多少

① ［英］阿弗里德·马歇尔:《经济学原理》，廉运杰译，华夏出版社2005年版，第245页。
② ［英］阿弗里德·马歇尔:《经济学原理》，廉运杰译，华夏出版社2005年版，第60～68、476～477页。

由于他不怕危险，他在竞争过程中捷足先登。甚至在极其不利的条件下，他往往固守着自己的阵地。因为自由和地位的尊严对他吸引力很大。"①

综上所述，马歇尔认为企业家在融资的时候主要是风险问题，这种风险一是来源于市场，二是来源于企业家自身。市场是因为存在各种不确定性；自身是因为企业家的信誉。因为存在风险，企业家的借贷是与投资人谈判解决的。在谈判中，企业家所在行业的风险，企业家本身的经营声誉，以及企业家的道德都是考虑的对象。马歇尔的思想为以后的合约理论提供了基础。

（二）西尼尔的融资理论

西尼尔（Senior，1836）认为资本来源于投资人的节约，是节制欲望的产物，节制欲望使人痛苦，为了回报投资人，必须付给其以利息。②

他同时认为利润同样是节制欲望的回报，但是由于节制欲望的心理痛苦难以衡量，为了解决这一问题，他就用价格来表示痛苦的程度，突出心理感觉在市场的表现问题。但是西尼尔的理论过于强调主观感觉的作用，之后并没有得到很大的发展。

（三）奥地利学派的理论

1. 费雪的"黑箱中的黑箱"

费雪（Fisher，1930）将马歇尔的学说推进了一步，更高程度地进行了抽象分析。他把企业看作是要素到产品的转换器，《新帕尔格雷夫经济学大词典》中的"费雪"词条是由著名经济学家托宾写的，托宾（Tobin，1996）指出："他（指费雪）所形成的'投资机会'似乎没有照顾到应被称为'资本'，并且作为自变量进入生产函数的生产要素。关于这一点他也没有明确地将生产中劳动或土地的作用纳入模型之中。"③

在这个论述中可以看出，费雪不仅将企业家在企业中的作用抽象掉，而且对于资本在企业中的具体作用也完全抽象掉了，正如金融学家米勒（Miller，1988）所强调的："忽略了黑箱中的技术、生产以及销售的诸多

---

① ［英］阿弗里德·马歇尔：《经济学原理》，廉运杰译，华夏出版社 2005 年版，第 60～68、476～477 页。

② ［英］西尼尔：《政治经济学大纲》，蔡受百译，商务印书馆 1997 年版，第 106～149 页。

③ 史蒂文·杜尔劳夫和劳伦斯·布卢姆主编：《新帕尔格雷夫经济学大词典》，经济科学出版社 1996 年版，第 1251 页。

细节而集中于潜在的净现金流。费雪的企业不过是一个将现在可消费的、通过向投资者发行企业证券而获得的资源转换成支付给证券持有者的未来可消费资源的抽象装置。"[1]

2. 庞巴维克的资本时间价值理论

（1）迂回生产。庞巴维克（Bohm - Bawerk，1884）最先注意到迂回生产问题，他的观点是，初始的生产手段（原材料、资源、劳动）可以用于直接生产，或者用来生产资本，当资本积累起来并与劳动相结合时，就可以生产出来消费者所需要的商品，他认为迂回生产的效率要高于直接生产，这是支付利息的原因。

这个理论严格来说应该有这样一个假定，即技术在时间轴上应该是假定连续进步的，否则一个没有任何技术进步的东西，即便经过多少年，也不能产生更大的效率。

（2）利息理论。同技术进步一样，庞巴维克将利息建立在时间偏好的基础上，基本命题是现在的物品价值大于将来的物品价值。他认为有三个理由：

一是源于欲望的迫切性，他指出，未来欲望的迫切性总是比现在要低，因此，人们总是认为现在的物品更有价值，将资金提供给其他人意味着一种"痛苦"。

二是人们系统地低估未来欲望以及满足这些欲望的手段，主要是因为，由于我们不能确切知晓未来，所以对未来欲望的想象总是片段的。大多数人承受着意志力的一般缺乏，几乎很少人会推迟当前的欲望。给定人类生活的不确定性，人们不愿意推迟对某物品的享受。

三是作为满足人类欲望的手段，现在物品总是比未来物品具有技术上的优越性。[2]

奥地利学派一方面阐述了技术在生产中的作用，为以后熊彼特提出的"创新"理论提供了基础；另一方面又剖析了市场均衡的内在原因。后来经过米塞斯等学者对其理论的发展，将企业家在市场均衡中的作用生动地刻画出来，最终由科兹纳（Kirzner，1973）等演绎出企业家理论的新学说，明确了企业家特质在企业家理论的重要地位。

---

[1] 转引自覃家琦、齐寅峰、李莉：《企业投融资互动机制理论综述》，载于《经济评论》2008 年第 1 期，第 155～160 页。

[2] 转引自小罗伯特・B. 埃克伦德、罗伯特・F. 赫伯特：《经济理论与方法史》，杨玉生、张凤林译，中国人民大学出版社 2001 年版，第 174 页。

新古典的企业融资理论缺少了重要的一环：具有特质性的企业家才能，因此对于企业融资偏重于抽象的解释，重点在于如何解释利息、如何解释企业生产活动的结果等一些经验的东西，对于企业家如何通过创新去获取企业利润，则没有很好地进行解释。但是企业家理论是企业融资理论中重要的一部分，只有企业家理论出现了，企业家融资理论才完整起来。

奥地利学派注重抽象演绎法在经济学中的运用，对于企业生产进行严格的抽象演绎，这种注重演绎的方法如今在经济学中被广为利用，同时，奥地利学派重视有过程研究的学术传统，也在以后的企业家理论中"大显身手"，从熊彼特到科兹纳，都深受这一传统的影响，为企业家融资理论发展提供了新的研究方法。

二、企业家与企业家融资理论的开端

（一）熊彼特的企业家融资理论

熊彼特在他的《经济发展理论》中首先提到了企业家，也较为完整地分析了企业家的融资与利息、利润之间的关系。

1. 论述了企业家在经济发展中的作用

在《经济发展理论》这本著作中，熊彼特描绘了一个"循环流转"的世界，在这个世界中，在远处耕种粮食，一生都没有进入大城市的农民，可以轻松地让粮食出清，依靠的是多年的经验。多年的经验尽管给了他生计，但也将他束缚在循环流转中。

熊彼特指出企业家是打破循环流转均衡的人，企业家有着"建立一个王国""征服的愿望""创造的快乐"等三个动机，不会陷入循环流转中。企业家创新是一种创造性破坏，不可能在旧商号中产生，所以，企业家需要信用的支持，这就是企业家融资活动的本质。

他指出正是因为创新，推动了经济的发展。同时创新也离不开发展，因为只有发展才有经济利润，才有企业家创新的资金。

他还指出只有创新才能产生利息，因为只有利润存在才可能有剩余，有充分的资金可以去支付利息。他还指出企业家不是永恒的，因此，利润也不是永恒的，新的创新会导致旧的创新失去利润。

2. 区分了企业家与资本承担的风险

熊彼特认为，企业家承担的是人力资本的风险，而投资人承担的是物质资本的风险。因此，对于企业家来说，并不需要拥有自己的资本，他可以通过融资的形式建立自己的企业。

3. 指出了融资中风险资本的垄断性

熊彼特指出，风险是市场中一种不可避免的、自然的因素，他进一步讨论了风险与不确定性的重要性质以及他们对资本主义社会的企业家所造成的问题。

"任何投资实际上都需要……某些保险活动或者防御。在剧烈变革的情况下，特别是在……新产品和新技术的冲击之下，长期投资就像打靶，这个靶子不仅远而且移动，并且急剧地移动。所以，求助于这样一些保护措施或者生产方法的暂时机密或者预先保护性的长期合同就很有必要了。"[①]

但是，如果没有保护性措施，由于存在着高不确定性，风险资本就会因为挑衅的竞争行为而聚集起来，呈现反竞争的态势，形成风险资本的垄断。垄断资本的聚集使得企业家与投资人的谈判变成了一种双边垄断的形式。

（二）奈特对不确定性的论述

1. 奈特认为马歇尔存在着对均衡的曲解

奈特说："'用给定的资源满足给定的需要'到底是什么意思？马歇尔，这位比其他任何一个经济学家都有更多现代追随者的经济学先驱，似乎明确地回避了这一问题的回答。"他进一步指出："任何具体变化之间的相互联系和衍生后果总是极为复杂的，只有当调整过程的各个方面以某种方式完成的时候，他们才会显现出来，这显然是静止特征的第一真谛"。[②]

而只有当人们精确地计算出事情发展变化的时候，马歇尔的均衡状态才有可能出现，均衡是一种特例。从创新意义上讲，李嘉图的"静止状态"只是经济发展的暂时状态，而不是一种常态。

2. 奈特在古典的范畴里提出了企业家的理论

奈特指出了企业家是能够抵御风险的人，是不同于一般劳动的人，这打破了新古典的同质性假设传统，因为奈特意义上的企业家实际是异质性

---

① ［美］约瑟夫·熊彼特：《资本主义、社会主义与民主》，吴良健译，商务印书馆1999年版，第88页。

② ［美］奈特：《利润、风险与不确定性》，王宇、王文玉译，中国人民大学出版社2005年版，第107页。

的，是具有企业家才能的人。他指出正是因为不确定性的存在，人们需要抵御不确定性，所以才不得不采取两个措施：专业化和分散化。其中专业化就是企业家产生的根源。企业家拥有一般人所不具备的知识，能够在风险中判断"生产什么"的问题，一般的工人难以抵御风险，所以（包括投资人）将资源交付给企业家，去组织企业，利润是对企业家组织企业的报酬。

3. 利息是租金收入，而利润是抵抗不确定性的报酬

奈特没有肯定在不存在、不确定性的世界里有没有利息的存在，但是他指出，"贷款契约只是租用契约的一个选择机会，……资本的最初所有者完全可以自己投资，在一个未来完全可知的世界中，投资活动本身是没有成本的"，但是，"难以避免的最低数量的操劳和麻烦足以使得投资职能专业化，并从资本的供给中分离出来（企业家）"。① 有了不确定性的环境，才使得资本投资变得有价值，企业家通过承担风险可以获取超过资本利息的报酬。

奈特认为利息是一种租金收入，是使用他人的资本品而发生的支付，租金收入与财产收益不同，财产收益是使用物质所实现的实际报酬，租金则是使用物质资本的竞争性市场价格。对于承担了不确定性的企业家将资本自己使用，收入应该等于租金加上利润。

这样一个隐含的理论是，如果投资人也将自己的资金与企业家一起投资，共同承担不确定性的话，投资人应该与企业家共同享受剩余。但是如果投资人不承担不确定性，采用包租式的合约，就只能拿保险性的租金。

在理论的供给上，由于合约理论没有出现，可以看到奈特的书里对利息理论的论述不能清楚地表达出来，特别是对企业家融资的情况也只限于一般的贷款理论，对于投资人如何投资的论述更是没有涉及。

但是奈特指出了企业家的利润源泉，纠正了马歇尔对于融资理论的简单化倾向，为后来合约理论的发展奠定了坚实的基础。

4. 股份制度是融资制度的新发展

奈特注意到了不确定的问题，认为不确定性是一切企业产生的根源，并指出，正是现代融资手段，比如股份制度等，一方面使得融资更为容易，可以很快地集中大量的资金；另一方面股份制又分散了风险，让每个

---

① ［美］奈特：《利润、风险与不确定性》，王宇、王文玉译，中国人民大学出版社 2005 年版，第 121 页。

人的损失可以降到很低，这为现代企业家融资提供了便利条件。

（三）科斯的企业与企业家融资

1. 企业的新古典框架

科斯（Coase，1931）坚持在新古典框架里解释企业和企业家，他认为，企业是交易费用在企业内小于企业外的结果，投资人和企业家签订合约，节约了交易费用。科斯虽然从比较优势角度解释了企业的产生，但是抹去了企业家的特征，用新古典的方法分析了企业家行为，对企业家融资与创新行为的关系没有解释。科斯认为企业家融资问题是一个经济计算的问题，一切合约的本质都来自这种经济的计算。

2. 科斯与奈特的相同点：合约的来源

科斯与奈特存在一定的相同点。企业家与投资人要签订一个融资合约，其根源是对市场中不确定性存在的思考，不确定性在科斯那里被称为交易费用。其实两者都是指的那种市场交易中的不可预测问题，这种不可预测性来自人性的机会主义、有限理性和投资的专用性，人们在交易中容易产生机会主义，即通过掠夺和欺骗等短期非理性活动而不是诚实生产去获取资源，机会主义等的存在使得交易不能如同机器运动一样复制，而是处处可能出现人对人利益的伤害，这才是交易费用的根本来源。

3. 合约理论打开企业的黑箱

合约理论的贡献是开始让经济学深入企业内部，从制度视角审视到企业家与投资人的融资合约问题，进一步衍生出很多企业家融资的理论。

合约执行中的主要问题是剩余索取权属于谁，关系到资源配置最重要的效率——创新的产生，为了提升效率，需要分析创新中谁更为重要，谁将拥有控制权，如何防止控制权被侵蚀，如何防止资金被滥用，如何解决不完全合同的问题，如何签订分成合约，这些都在合约理论产生后诞生了，从这个角度来说，科斯和奈特开创了现代企业家融资理论。

熊彼特理论尽管没有把握住企业家融资中的控制权合约问题，也没有推演出成熟的模型，但是从创新的角度来解释融资中利息问题，使得人们注意到利息不仅是生产问题，还与创新有关系，揭示了创业成功的租金与企业家融资的关系，为合约设计厘清了研究的对象。

奈特与科斯进一步研究了合约问题，深入分析了企业家的产生的原因。尽管双方的研究角度不同，但是都关注到了人性在企业组织中的影响，以及由此引发的交易费用，开创了现代企业理论。

第四节 现代融资理论的发展

一、企业的融资理论

现代的融资理论是建立在古典理论基础上的，由于古典企业假定企业是一个"黑箱"，抽象掉了一些关于企业内部的合约问题。因此，一开始主要是考虑企业融资对企业价值的影响，或者说是考虑市场里的不确定性。这些理论从两个线索发展，一是税收的影响，二是资产债务融资的信号问题。

（一）杜兰特的融资理论

1952 年，杜兰特（Durand）在递交给"企业理财研究会议"的一篇论文中，提出了关于融资结构的三种理论，即净收入理论、净经营收入理论和传统理论，标志着早期企业结构理论的开端。

净收入理论假定当企业融资结构变化时，企业发行债券和股票融资的成本是既定不变的；同时，债券融资的税前成本比股票成本低，这是因为债券与股票相比，其风险较小，因此，当企业通过增加相对于股票融资水平的债券数量来提高杠杆作用时，融资总成本会下降，企业市场价值会提高。这样，企业以 100% 的债券进行融资，企业市场价值会达到最大。

净经营收入的理论假定，不管企业杠杆作用程度如何，债券融资成本是不变的，但是当企业增加融资的时候，企业风险就会增加，股东就会要求更高的回报，股票的融资成本也会上升，因此，债券融资的低成本与股票融资的高成本会相互抵销，使得企业融资的总成本不会随着融资结构的变化而变化。

传统融资理论界于上述两种之间，该理论认为，企业在刚开始的时候可以通过增加财务杠杆来降低它的资本成本并提高总价值。尽管投资者会提高权益预期报酬率，但投资报酬率的增加并不能完全抵销使用债务资金所带来的收益。

随着财务杠杆不断提高，投资者也就逐步提高该企业的预期报酬率，直到最后这一因素完全抵销并超过债务资金所带来的收益，企业就达到了债券融资和股票融资的最优比例即最优融资结构。

由于杜兰特关注的是财务杠杆这种表面性的东西，因此，一般在财务理论中将它称为是一种"古典"的融资理论。①

（二）现代融资理论

1. MM 定理——现代资本结构理论的开端

MM 定理由美国经济学家莫迪利亚尼和米勒（Modiglian and Miller）于 1958 年在其论文《资本成本、公司理财和投资管理》中提出，是现代企业融资结构理论的开端。该理论提出如果市场是完全竞争的，那么企业的资本结构与企业的市场价值无关，即无论企业选择哪一种融资方式都不会影响它的市场价值。根据这一思想，融资是债券还是股权对市场价值没有影响，这让企业家的控制权安排变得毫无意义。

尽管 MM 定理是建立在无摩擦的市场理论基础上的，和现实脱节较大。不过还是成功地将经济学的理论引入了公司财务结构理论的研究中，从而为融资理论的进一步研究打开了窗口。后来学术界对于 MM 定理进行了扩展和解释，引入了破产成本和代理成本理论，指出当企业的财务杠杆比例达到临界值时，破产成本会发生，当债务的破产边际成本和代理成本等于税盾收益的时候，就产生了最优资本结构。

2. 非对称信息理论

罗斯、迈尔斯等提出了这一观点，其中包括：

（1）债务比例信号理论。罗斯（Ross，1977）指出假设经营者知道公司收益的真实分配，而投资者不知道，投资者往往把较高的债务水平看成是较好质量的信号；波伊德温提出另一种模型，假设进入者的边际成本只有他自己知道，如果他边际成本低，他会通过发行债券来发出信号；如果边际成本高，则会只发行股票，因为发行债券很容易被在位者掠夺，利用债券而使公司破产。

（2）优序理论。迈尔斯等（Myers et al.，1984）指出，如果经营者比投资者拥有更多的资产价值信息，那么发行股票容易使股票被低估，损害公司的价值。因此，公司热衷于采用那些价格不太受信息影响的融资方式，比如内部发行债券的形式，然后才是外部融资。迈尔斯将其称为"鸟啄次序"。

---

① 肖林：《融资管理与风险价值》，上海人民出版社 2003 年版，第 100 ~ 101 页。

3. 自生能力理论

彭罗斯（Penrose，1959）指出，传统经济学忽视了企业家对企业自生能力的贡献，强调企业的规模有限制是不对的。他认为，企业的各种资源，包括人力和物质资源虽然是有限的，但是企业家的作用在于通过组合物质资源和人力资源资源，来推进企业的发展，其中人力资源具有很大的潜力，其对企业规模的扩张具有难以估量的作用。融资的规模，取决于人力资源与物质资源结合所形成的巨大潜力。但是彭罗斯依然没有指出企业家和投资人的合约问题，而是立足于企业去探讨融资问题，这样忽视了企业的本质。

值得注意的是，林毅夫等（2009）利用新结构经济学指出："现代金融学倡导股票市场、大银行和风险投资等现代金融安排。这种金融结构对发达国家而言是合适的。因为发达国家的产业处于世界最前沿，其产业升级需要大量的资本投入，且技术创新需要依赖自主研发，伴随的风险很大，大银行、股票市场和风险投资适合为大的投资项目融资，而股票市场和风险资本有利于分散风险。但发展中国家采取这样的金融制度安排则未必合适，因为其产业主要是劳动密集型的加工业或传统农业。一般而言，这些产业规模较小、资本需求少，而且产品基本是成熟的，且技术大部分是引进的，风险主要在于企业家的经营能力，适合发展中国家的金融制度安排应该是地区性中小型金融机构。因此，处于不同发展阶段的经济体具有不同的产业结构、技术、企业规模、资本需求和风险特性，对应于不同的最优金融结构。"①

"是否应该开放资本账户？现代国际金融理论通常认为开放资本账户是好事，认为发展中国家缺少资本，所以应该开放资本账户让资本流入。但现实中大部分发展中国家资本账户开放后，却出现了经济危机。原因在于这些理论把资本看作同质的，没有细致区分不同结构的资本。资本应该分为投入实体经济的外国直接投资（FDI）和短期的金融资本。外国直接投资能增加实体资本，而且这种投资一般会投入该国符合比较优势的产业，也能带入先进的技术、管理经验和国际销售渠道，对发展中国家发展很有帮助。但短期的金融资本一般不进入实体部门，而大部分会进入房地产和股票市场等投机部门，造成经济泡沫。此外，如果大量短期外国金融资本突然流入，会造成货币升值，企业出口竞争力下降，影响实体经济的发展。所以在讨论资本流动时，一定要有结构的概念，一个发展中国家对

---

① 林毅夫、孙希芳、姜烨：《经济发展中的最优金融结构理论初探》，载于《经济研究》2009 年第 8 期，第 45～49 页。

外国直接投资应该鼓励，对短期资本流动则应该有一定的管制。"①

林毅夫的观点回答了发展中国家的企业家如何融资问题，主张以渐进的改革和开放来推进企业的融资活动，以防止企业的自生能力受到冲击。林毅夫的观点可以认为是对德国李斯特的思想和制度经济学合约思想的发展，他立足于发展中国家的现实，同时又指出了资本的侵略性，提出企业通过渐进方式进行融资是一种保护措施。

二、经理的融资理论

（一）经理融资理论的背景

19 世纪末 20 世纪初以来，随着生产社会化的发展和市场竞争的日趋激烈，企业管理业务也越来越复杂化、科学化。它对企业经理的要求越来越高，旧时所有权与经营权合一的"企业主企业"演化为"经理控制型"的现代企业。伴随现代公司制企业的产生和发展，公司选聘经理的标准，不再是看其持有本公司股票的多少，而是看其经营管理能力的高低。1932年，贝利和米恩斯（Berle and Means，1932）在他们合著的《现代公司和私有财产》一书中，首次提出了大公司的控制权从企业的所有者转移到经理手中的趋势。1941 年，伯纳姆（J. Bumham）在《经理革命：世界上正在发生的事情》一书中，第一次把这种现象称为"经理革命"。二战后随着社会化大生产和现代公司制的进一步发展，由人数众多、受过专业训练的经理来管理和控制的庞大企业越来越多，反映这种"经理革命"的论著也大量涌现。其中比较有代表性的著作有贝利（Berle）的《二十世纪的资本主义革命》《没有财产的权力》《美国的经济共和国》；梅森（Masm，1959）的《现代社会中的公司》；拉纳（Rana，1969）的《管理控制和大公司》；加尔布雷思（Galbrath，1967）的《新工业国》；钱德勒（Chandler，1977）的《看得见的手——美国企业的管理革命》等，"经理革命"已被普遍承认，正如托马斯·戴伊（Thomas Dye，1985）所指出："经理革命"，"已成为我们的常识范围内的事，这一事实已为自由主义者和保守主义者两者所接受的共识。"②

① 节选自林毅夫：《新结构经济学、自生能力与新的理论见解》，林毅夫在北大国发院的工作论文，2017 年 11 月 13 日。

② 托马斯·戴伊：《谁掌管美国——里根时代》，世界知识出版社 1985 年版，第 42 页。

（二）委托代理理论的产生

伴随着经理革命的产生，一些经济学家开始研究经理的理论，由詹森和麦克林（Jenson and Meckling，1976）提出了关于代理成本的概念："我们定义代理成本是以下的总和：（1）委托人的监控支出；（2）代理人的管束支出；（3）剩余损失。"① 以后人们开始研究怎样使这种代理成本最小，这实际上是建立在代理人掌握控制权的前提下。

莫里斯（Mirrles，1974，1976）以及霍姆斯特姆（Holmstorm，1979）等用标准模型描述了委托代理的问题。有两个基本假设：（1）假设委托人对产出没有任何的贡献。（2）代理人拥有专业的信息，其行为难以被观察到。在这两项假设下，这一理论又给出了两个基本观点：（1）激励的合约是有效的，在风险的分担中，代理人必须承担部分风险；（2）代理人可以通过承受完全风险（即使他成为唯一的剩余索取者）的办法以达到最优结果。② 这些模型将企业家变成了生产产品的机器，他只有"努力，不努力"两种情况，而投资人的方法是设计巧妙的合约，一方面具有筛选机制——分离均衡；另一方面具有激励机制，激励企业家实现投资人的目标。

（三）建立在委托代理基础上的融资理论

1. 激励理论

激励理论认为，股权与债权的结构会对经理的努力程度产生影响，进一步影响到企业的价值。在经理人不完全持有股份，经理实际上类似外部股东代理人，由于掌握着企业控制权，往往可以作出有利于自己的决策，但会有损于股东权益。经理持股比例较小时，在职消费是有好处的，但是努力获得的收益很少收益成本却由自己负担，故经理持股较少的企业价值总是小于经理完全拥有的企业价值，两者之差称为代理成本。激励理论认为，债务融资占比高会促使经理更加努力地工作，主要债务由流动性限制和还款压力，减少了经理的在职消费冲动。

激励理论提出了关于资本结构理论中债务合同的合理性问题，但是，到底债务应该占多大的比重，激励理论并没有做出回答。

2. 代理成本理论

詹森和麦克林（1976）论证了由谁来承担和为什么承担债务成本的问

---

① 卢俊：《资本结构理论研究译文集》，上海人民出版社 2003 年版，第 189 页。
② 张维迎：《企业的企业家——契约理论》，上海人民出版社 1995 年版，第 31 页。

题，并提出了代理成本的最低资本结构问题，从而开创了代理成本理论。根据这一学说，代理关系为委托人授予代理人某些决策权，要求代理人提供有利于委托人利益的服务。在这里，假定委托人和代理人都追求效用最大化，那么就可以认为，代理人总会有不利于委托人的代理成本问题，代理人的行动与使委托人效用最大化的行动仍会有差异，这种差异造成的委托人利益的损失被称为"剩余损失"。

如果企业拥有较高自由现金流的时候，从效率的角度上讲，这些资金应该返还给股东，比如增加股利或者回购股票，然后通过股东的消费和投资，将这部分资金用于最优的用途上，但是，经理人可能会把这些资金用于企业内部，进行没有获利能力、不符合股东利益的投资。比如在职消费、更多的津贴等。企业借债有利于减少自由现金流量，因为经理人要支付更多的利息，从而，也有助于减少代理成本。

3. 控制权理论

哈里斯（1990）等着眼于一个在位的经营者通过改变其所拥有的股票份额来操纵接管方式和接管成功概率的能力。哈里斯提出，在位者与竞争者之间竞争的结果往往有以下几个结果：第一，在位者的股票太少，以至于即使竞争者的能力比他差也能实现对公司的接管，哈里斯将这种情况称为成功的投标竞争。第二，在位者的股票太多，以至于即使其能力较低，也能够保持控制能力，这种情况哈里斯将其称为不成功的投标争购。第三，在位者的股票为中间值，他在且只有当他的能力较强的时候将取得胜利，这时候所决定的资本结构是最优的，因为有能力的代理人控制了公司，会使公司的价值最大，保证最优秀的代理人获得公司的控制权，所以该理论又被称为代理权之争。[1]

第五节 企业家融资理论现代发展的主要脉络

一、企业家融资理论发展的基础

企业理论是企业家融资理论发展的基础，研究企业家的融资必须先研

---

[1] 肖林：《融资管理与风险价值》，上海三联书店2003年版，第100~101页；卢俊：《资本机构理论研究译文集》，上海三联书店2003年版，第212页。

究企业的理论，这是因为，企业在融资之后，投资人成为企业利益的重要相关者，他与企业家在企业内的关系直接影响企业的利益分配，但在市场中是按照价格机制分配的，投资人与企业家的关系如何并不影响利益分配，所以研究企业家融资理论必须进入企业内，去研究企业的内部合约问题。

二、现代企业理论的产生与企业家融资理论

（一）李嘉图传统影响下的科斯

科斯（1931）在他著名的文章《企业的性质》中，重点批判了奈特教授，在批判的同时，他提出了一个一直被人们忽视的问题："在企业之外，价格变动指挥生产，后者是由一系列市场上的交易为协调的。而在企业之内，这种市场交易被取消，复杂的市场结构连同交易被企业家这种协调者所取代，企业家指挥生产。显然十分清楚的是，以上二者是可以相互替代的协调生产的方法。然而，考虑到这样的事实，如果生产由价格变动协调，它在没有任何组织的情况下也完全能够进行，我们就要问，为什么还要有企业组织存在呢？"① 科斯对这个问题的回答是，这是因为在某些特定的条件下，运用企业来组织"交易"，较之通过市场进行"交易"，其"交易成本"较低。所谓交易成本，是利用交易机制所需要付出的成本。比如说在市场交易中，为了寻找交易对象，进行谈判，签署合约以及监督合约的执行，都是需要付出成本的。

科斯的研究方法实际上受到了李嘉图的影响，是一种比较优势的观点，即企业的存在是为了节约交易费用，那么交易费用是怎么产生的呢，进一步分析可以看出，交易费用是由于市场交易不确定性的存在而产生的。正是因为存在市场交易的不确定性，企业才用长期合同代替了短期合同。

（二）企业是一个抵御内部不确定性的联合体

威廉姆森（Williamson，1975）继承了科斯的思想，继续沿着交易费

---

① 孙经纬：《企业的经济性质》中"企业的性质"一文，上海财经大学出版社 2000 年版，第 75 页。

用的框架研究，研究的对象依然是资本不受约束的企业家的情况，他用有限理性、交易费用的观点解释了企业为什么存在，以及为什么其他要素的拥有者和企业家进行签约的原因。

威廉姆森认为企业内部存在科层带来的行政成本，称为官僚成本，如果官僚成本小于市场成本，企业就是一个纵向一体化的结构，在人力资本的专用性、机会主义与不确定因素的条件下，通过纵向一体化建立企业替换市场交易。因为在企业内，机会主义受到权威的监督，降低了企业交易成本。但是如果官僚成本高于市场成本，那么应该进行市场交易。这就说明企业并不是一个安全、无所忧虑的市场绿洲，而是一个由各种怀有机会主义目的，且只有有限理性的要素拥有者通过不确定性的合约组成的联合体，在这个联合体里，由于"套牢"的存在，企业需要一个强有力的担保人作为中心签约人与各种要素的拥有者签约，这个签约人就是企业家。

三、不完全合约与控制权

哈特（Hart，1986）进一步提出了关于不完全合约理论，他认为不完全合约会导致市场交易而不是一体化关系，交易效果也劣于完全合约。这就暗含着一个假定，只有在完全合约下一体化才优于市场交易。哈特认为在存在不完全合约时，剩余索取权的配置是重要的，哈特提出剩余索取权天然地归物质财产的所有者。

由于谁掌握了剩余控制权，谁就在那些未被初始合同规定的或然事件出现时做出相应的决策。在委托人不受财富的约束，再谈判成本为零的假设下，事先的控制权决定了事后的分配问题，哈特认为是物质资本承担了风险，更容易被套牢，因此，投资人天然地掌握了控制权，掌握了控制权就意味自己能够有权利保护自己的成果。哈特没有考虑企业家人力资本专用性的投入，其实在创新的过程中，企业家的创新投入机会成本很大，承担的风险并不一定比投资人少，所以尽管哈特认识到了不完全合约问题，但是对创新的过程并没有进行细致的研究。

四、基于企业家控制权的融资理论

阿洪与伯尔顿（Aghion and Bolton，1988）在交易成本和合约不完全的基础上提出一种与财产控制权非常相关的企业融资理论。他们假设投资人与没有资本但是有技术的企业家签订了长期合约，共同组成了一个企业。由于企业家既想得到收入又想享受在职消费等，与投资人的目标有可能冲突。如果合约是完全的，那么冲突可以通过约定的形式解决。如果合约不完全，那么谁掌握控制权就很重要，控制权如何分配成为合约的焦点。阿洪和伯尔顿提出：如果投资者以股票融资，那么就掌握剩余控制权；如果投资者以优先股或者债券投资，那么企业家拥有剩余控制权。

他们进一步设计一种"好——维持，坏——清算"的控制权漂移方法，也就是如果企业的经营是好的，那么企业家掌握控制权，但是如果变坏，债权人可以变成股东，从而掠夺控制权。尽管阿洪和博尔顿融资理论依然是一种关注物权为主的融资理论，而且只是说明应该怎么做，而没有说明为什么这么做，但是这可以说是企业家融资理论的一个巨大的进步，因为阿洪和博尔顿至少指出了在企业家的融资理论中代理成本以及公司的市场价值都不是重要的，控制权才是重要的。[①]

五、利益相关者理论

相对于股东至上理论，利益相关者理论最近得到更多人的支持。

（一）思想渊源

古典经济学在谁是剩余的最后享有者理论上，基本认为风险偏好差异决定了企业家是剩余的享有者，也即雇主风险中性者，工人是风险厌恶者的假设，从而将剩余与控制权全部给了企业家，股东的单边治理是核心问题。

威廉姆森提出了资产专用性的问题，物质资本的专用性更强，所以应该享有控制权。人力资本不仅没有抵押性，而且存在滥用资本的问题，故物质资本的所有者应该有天然控制权。哈特引入不完全合约后，依然强调了控制权问题。现代人力资本理论提出人力资本理论也具有专用性，利益相关者正是进一步放松了对物质资本专用性的假设，认为企业的本质是利益相关者的契约集合体，利益相关者是所有那些具有专用性人力资本投资并且处于风险之中的人，企业利益相关者包括股东、经营者、员工、债权

---

① 陈很荣、范晓虎等：《西方现代企业融资理论述评》，载于《财经问题研究》2000年第8期，第62~66页。

人、顾客、供应商、竞争者等。由于契约的不完备性使得利益相关者共同拥有企业的剩余索取权和剩余控制权，进而共同拥有企业的所有权。对所有权的拥有是利益相关者参与公司治理的基础，也是利益相关者权益得到应有保护的理论依据。

（二）利益相关者概念的提出及演变

20世纪60年代利益相关者的概念产生，它经历了从利益相关者影响到利益相关者参与的过程，可以分成三个阶段：

第一个阶段，斯坦福大学研究小组在20世纪60年代提出利益相关者定义：对企业来说存在这样一些利益群体，如果没有他们的支持，企业就无法生存。人们开始认识到，企业存在的目的并非仅为股东服务，在企业的周围还存在许多关系到企业生存的利益群体。

第二个阶段，美国经济学家弗里曼（Freeman，1984）在20世纪80年代重新修正了这个概念，提出：能够影响一个组织目标的实现或者能够被组织实现目标过程影响的人。该定义将企业目标实现过程中受影响的个人和群体也看作利益相关者，正式将社区、政府、环境保护主义者等实体纳入利益相关者管理的研究范畴。

第三个阶段，美国经济学家布莱尔（Blair，1995）在20世纪90年代中期又扩展了这个概念：利益相关者是所有那些向企业贡献了专用性资产，以及作为既成结果已经处于风险投资状况的人或集团。利益相关者拥有对企业的专用性投资，是企业控制权的拥有者，控制权按照承担的风险大小进行分配。

（三）利益相关者共同利益最大化是现代企业的必然选择

企业是以盈利为目的的组织，其出发点和归宿都是盈利，这也是企业经营的目标。现代企业一般将企业价值最大化作为目标，这个目标不仅包括了股东的利益，还考虑到利益相关者，实现了社会价值与企业价值统一。

（四）利益相关者理论对企业家融资理论的影响

控制权源于对资产的产权，控制权的多少在逻辑上应该与其所依附的资产有关。在利益相关者的理论中，对于同样的盈亏风险，资产比例越大，对利益的分配影响越大。在企业发展的过程中，各利益相关者对彼此投入的资产专用性认识一直都在改变，资产专用性强度意味着承担风险的强度，是企业重新谈判的权利根源，当企业发展影响到控制权变化至一定程度的时候，双方就要重新谈判。

在利益相关者情况下，股东在企业只是承担有限的责任（风险），股东所承担的风险可以普遍通过投资的多样化来化解，他们可以将持有公司股份作为其总投资中一个组成部分。那么剩余风险就转移给了经营者、员工、债权人和其他人，非股东可能承担了比股东更大的风险，因此企业应该为所有利益相关者的利益服务，而不应该仅仅是为股东的利益服务，控制权也应该是一种利益相关者之间的相机转移。

随着企业社会责任标准（SA8000）在全球范围的逐步推广，越来越多的企业利益相关者的利益受到重视，这就要求企业在追求盈利的同时，必须考虑社会的整体利益和长远发展，并自觉承担相应的社会责任。[①]

六、融资行为理论

随着行为理论的发展，现代经济学开始关注企业家的非理性与投资人的非理性行为。

1. 投资人的非理性

这主要表现为投资人的投机行为，行为融资理论认为在不完全的市场中，如果投资人认为前景乐观，就会盲目地高估证券的价格，造成企业家的现金流过于充足，证券市场也随着出现较大的泡沫，比如中国的几次股市的狂潮，都表现为资本的非理性方面投资行为。

2. 企业家的非理性

这个方面研究较多，主要有融资顺序偏好、最优融资合约和羊群理论等。其中，奥利弗（Oliver，2005）利用密歇根大学消费情感指数研究了融资者过度自信的行为，中国的余明振、夏新平、邹振松（2006）分析了中国的企业景气指数及中国企业家过度自信的问题。

七、关系融资理论

皮尔逊和拉詹（Peterson and Rajan，1994）提出了关系融资理论，主

---

① 参照中国公司治理网对利益相关者的解释，http://www.cnpre.com/infophp/index.php?moduule=show&id=4802。

要是在信息经常转变的情况下，企业家会利用关系来降低融资的成本。埃尔萨斯（Elsas，2005）定义了关系融资是一种长期的合约，一种默会的合约形式。

我国的单冰（2007）认为，风险投资由于巨大的不确定性、信息的有限性，关系的合约比较普遍，这基本符合我国的现实。在现实中，万达集团、恒大集团等都采用了关系融资的方式，新的共享模式企业也主要采用了关系合约的形式。

小　结

从以上可以看出，古典的经济学在融资问题上忽视企业家的作用，主要看到了关于资本在融资中的谈判地位问题，或者说，古典经济学主要解释了关于资本为什么可以分享利润，强调了资本承担不确定性的问题，正因为资本承担了交易过程中的不确定性，所以资本拥有了分享利润的谈判权利。

奥地利学派开始关注人的效用损失，比如等待的效用损失等，试图从人的本性来解决利息的一般化问题，可以说是对古典理论的重要补充；奥地利学派同时更加注重过程研究的方法，为解释企业家的行为奠定了基础。

企业理论的发展使得人们开始关注企业内部的问题，将视角放在控制权分配问题上，这为进一步研究企业家的融资问题找到了切入点，但是企业理论依然是建立在古典假设上的，如假设企业要素是同质的等，这影响了对企业家融资问题的进一步研究。

现代关于企业融资理论与经理融资理论的研究所建立的各种模型，为进一步理解企业家融资问题提供了宝贵的思路。

融资理论在其他理论的影响下还会继续发展，比如基于行为理论的行为融资理论，基于关系合约理论的融资理论等。

第三章 企业家融资谈判的权利根源

第一节 组织租金是企业家融资谈判的对象

一、组织租金的定义

（一）租金

租金是使用某种经济资源所得的报酬超过这个资源的供给成本的那部分净值。这个定义基本表达了经典租金定义中的主要含义。[①] 租金不同于成本，它是一笔支付中扣除去所有要素报酬（包括人力资本回报）之后的剩余。

但是对于租金概念的具体解释却是众说纷纭，近年来租金概念逐步扩展到超出使用投入要素的平均收益，例如垄断租金和熊彼特租金。租金概念的扩展有利于更好地对企业各种不平凡的业绩进行衡量，也进一步扩展了对于企业收益的各种核算。

（二）关于组织租金的定义的理论

理论界对于组织租金，曾有不同的论述，大致有如下三种：

第一种，认为组织租金就是企业剩余。即企业产生的大于各要素市场价格总和的部分，有文献曾经这样论述团队生产的租金：

"当两个人联合将一重物运上卡车的时候，我们只能观察到他们每天

---

① 阿尔钦：《新帕尔格雷夫经济学词典》（第4卷），经济科学出版社1996年版，第150页。

装载的总重量，却无法决定每个人的生产率，在队生产的条件下，如果仅仅观察总产出，就很难确定单个人对他们联合投入的产出所做的贡献，按照定义，产出应该属于一个队，而且还不是每个分成员的分产出之和。队生产 Z 至少包括两种投入 X_i 和 X_j，$\partial^2 Z/\partial X_i \partial X_j \neq 0$。其生产函数不能分解为仅包括投入 X_i 和 X_j 的生产函数，因此，不能将 Z 的两个分生产函数当作队生产函数 Z……如果通过队生产所获得的产出大于 Z 分生产之和加上约束生产成员的成本，就会使用队生产。"[①]

阿尔钦－德姆塞兹式的企业是一种"生产工人的联合"，应该说是一种比较初级的企业，早期企业的合伙形式主要是这种团队生产。阿尔钦（Alchian，1972）是从技术角度来论述的，指出了里面的奥秘在于两个要素技术合作效率大于分开的技术合作。

第二种，认为组织租金等于通过企业契约组织生产的收益大于要素所有者单干所产生的预期收益总和的部分。

这是科斯的观点，是基于现代企业的观点。科斯认为企业是价格机制的替代物，合约企业家支配资源的合约由投入企业的各生产要素所有者同意并订立，合约取消了市场的自由交易，界定企业家在企业中的权威地位。

张五常进一步论述了企业合约的性质，他认为，"由于预测的困难，有关物品或劳务供给的期限越长，实现的可能性就越小，从而买方也越不愿意明确规定出要求对方做什么……契约里所有的陈述是要求供给者供给物品和劳务的范围，而要求供给者所做的细节在契约中没有阐述，是以后购买者决定的，当资源的流向性（在契约规定的范围内）变得以这种方式依赖买方时，我称为企业的那种关系就流行起来了"。[②] 企业签订的实际上是一种事先没有界定、要素双方有权在执行过程中追加规定的不完全合约，这不同于具有完全性的产品合约。

第三种，将组织租金规定为通过企业组织分工相对于通过市场组织分工效率的提高所带来的收入增加，这实际是古典理论中投资人控制企业的观点。

---

① R. 科斯、A. 阿尔钦、D. 诺斯："生产、信息费用与经济组织"，转自陈昕：《财产权利与制度变迁——产权学派与新制度学派译文集》，三联书店上海分店、上海人民出版社 1994 年版，第 62 页。

② 文中两段话转引自陈国富编：《委托代理与机制设计》，南开大学出版社 2003 年版，第 74 页。

斯密（Smith，1776）曾指出，在市场容量很小的时候，人们一般不会得到任何鼓励去从事某种职业；只有市场容量扩大时，才促进了进一步分工，从而产生了企业，企业分工是市场范围扩大的结果。贝克尔（Becker，1992）认为，只有在不存在协调成本或者协调成本相对较低而市场又相对较小的情况下，分工才会受到市场规模的限制。在现代经济中，分工和专门化一般会取决于其他的原因，特别是"协调"的作用，协调可以降低补充性工作工人的各种成本，以及普及一定数量的一般的有用知识。[①]

我国部分学者（周其仁，1996；杨瑞龙、杨其静，2001；黄桂田、李正全，2002）在方法论上承袭了分工产生报酬递增的古典经济学思想，形成了企业本质的"分工合作说"。其基本观点是，企业与市场是相互补充、互为推进的关系而不是替代关系，企业是各个要素所有者为分享由分工合作带来的组织租金而达成的契约，企业契约的首要内容是在分工协作的基础上关于组织租金的创造，分工产生了企业租金。[②]

另外，许多国内的企业家阐述了企业家精神与创新之间的关系，如庄子银（2005）从微观组织机制的角度研究技术创新能力与企业家精神的关系，认为企业家精神的核心是企业所具有的持续的模仿能力和技术创新能力，具有强烈企业家精神的企业具有更强的技术创新能力。罗炜（2002）从企业家个人素质出发，认为企业家是创新组织中的核心人物，对企业技术创新发挥更权威的推动作用。企业家所表现出的领导能力、对市场的分析感悟能力、与企业内部形成的合作及关键决策能力构成企业技术创新的支持体系。于佳木（2006）认为企业技术创新能力的动力源于企业的智力资本，他选取了18家上市软件企业进行定量分析。其中，智力资本细分为从结构化智力资本、非结构化内部智力资本和非结构化外部智力资本，最终研究得出智力资本与技术创新能力正相关，以及细分的智力资本对技术创新能力的影响强度的结论。我国学者孙冰（2003）研究企业技术创新能力和动力时，认为创新动力形成机制是企业家精神特别是创新精神的外在体现，是企业进行创新活动的关键根基。于佳木（2006）通过对上市软件企业进行定量分析，认为企业技术创新能力的动力源于企业的智力资本，而企业家精神是构成智力资本的关键。贾良定、周三多（2006）在其

---

① Becker Gary and Murphy Kevin："The Division of Labor, Coordination Costs, and Knowledge", The Quarter Journal of Economic, November 1992, Vol. Ⅶ: 1137－1159.

② 邵军:《基于组织租金理论的企业超常业绩解释》，复旦大学2004年硕士论文，第15～17页。

《论企业家精神及其五项修炼》一文中指出企业家通过学习的意识，不断在企业获取更多的知识，在获得相应感悟之后将其运用于企业实际管理与生产过程中，指引企业制度安排，技术创新的演进趋势。殷彬（2010）通过理论与实证研究，发现了企业员工、企业家的知识积累、共享过程与企业创新绩效有正相关关系。威斯（West，2003）也认为企业家精神具有的合作特质能够促进组织的知识共享，为知识传播提供途径，通过个体认知视角与团队层面的融合促进知识创新。

但上述几种关于组织租金的表述，角度是不一样的：第一种观点是从技术上对组织租金进行说明；第二种是从合约角度上进行说明；第三种是从分工指挥上对组织租金进行定性规定。其中，第一种是从量上的说明，后两者侧重于深层的研究；第二种是资源所有者为什么签约；第三种是讲企业组织租金产生的内涵。但是，如果不能弄清楚企业家在企业中的作用，很难说清楚企业组织租金为什么产生。

（三）组织租金

总结以上理论，对于组织租金这个概念，应该是根据系统论的观点，在系统论中，强调系统中各要素具有强烈的相互作用。系统不是各部分的简单组合，而有机地统一，各组成部分或各层次的充分协调和连接，提高系统的有序性和整体的运行效果。而在企业中，企业家的创意对社会资源有效集聚能够带来社会资源的重新整合，实现资源配置状态和经济组织形态的变革，从而带来集合多种要素并共同作用而产生的"组织租金"收入。

二、组织租金的特性

（一）组织租金是一种超常收入

组织租金是一种超常的收入，正如马克思所提到的超额利润概念一样，是企业的收入扣除要素报酬以后的一种剩余。在静态的同质性假设中，组织租金只在短期内存在，长期内不可能存在；在动态异质性社会中，组织租金可以长期存在。

（二）组织租金与利润不同

新古典经济学将利润看作是垄断的产物。但是组织租金强调的是组织要素的贡献，是企业家创意形成超常收益，并不同于一般的垄断。在组织租金创生的过程中，企业被看作一个历史的不断内生成长和演化的有机体，企业在成长中所积累的核心知识和能力是独特和有价值的；企业的核心知识和能力作为企业的关键性生产要素是非竞争性和难以模仿替代的，由于企业获得资源的异质性，企业理念的异质性、企业人力资源的异质性，以及企业资产状况的异质性等，由于企业的成长发展存在路径依赖的现象，使得这些异质性逐渐积累、相互渗透组合，从局部到整体形成了企业各方面整体性的异质性，如企业文化的异质性，组织流程异质性，企业战略异质性、企业品牌异质性、企业产品和渠道的异质性等，而这些全局性的差异，必然会使得企业在日常经营管理中出现不同的经营和决策活动，从而又使得企业在局部资源和活动上出现差异。而这一过程是一个正反馈的过程。① 因此，应该将组织租金来源定位于市场里的不确定性与创新。

垄断利润强调的是一种市场势力，不能直接揭示企业竞争优势、企业资源能力以及外部环境对企业生存发展的意义，也不能反映企业超常业绩的真正来源以及战略对企业业绩的贡献。因此，组织租金与利润在概念上有交叉，但是双方的侧重点并不一样。

（三）组织租金具有路径依赖性

组织租金是建立在专门知识的基础上，专门知识与物质财富不同，必须与所获取的新知识实现嫁接，才能实现组织租金，并进一步推进更新知识的产生；因此，知识产生的特殊性决定了组织租金产生的路径依赖性。

三、组织租金的根源

（一）企业确定性、同质假设与组织租金

1. 新古典的确定性与同质性假设

新古典经济学认为，市场是充分竞争的，生产要素是充分流动的，企

---

① 连建辉、黄文锋：《企业的同质性假设、异质性假设与企业所有权安排——两种企业治理观的经济学分析》，载于《当代经济研究》2002 年第 9 期，第 57~63 页。

业需要的所有要素都可以通过市场公开获取，企业之间要素是同质的；同时，由于边际成本等于边际收益等，暗含的条件是企业要素是可衡量的，在长期均衡中，由于竞争的完全性，市场是出清和有效率的，企业将不可能获得超额利润。企业在长期竞争中只能获得正常利润水平。在信息充分的条件下，企业对未来的预期是完全的和确定的；决定企业行为的唯一变量是价格。

尽管萨伊（Say，1803）和马歇尔（Marshall，1890）在他们的论述中提到了企业家的职能，但是，由于企业要素是建立在同质性假设上的，企业家没有自己的特质性，企业家拥有同样的企业家才能，获取的是平均利润。

企业的行为决定于市场价格，市场价格是外生的，因此企业的行为取决于外部环境而不是内部环境："企业的生存和发展就是外生的，完全取决于企业外部的技术和市场条件。而且，在完全竞争市场的短期均衡中，随着企业生产规模的调整，企业可以实现利润最大化，可以获得准租金（即超额利润）。但是，这种短期均衡是不稳定的，由于行业内其他企业无成本地模仿和新企业的自由进入，市场长期均衡的结果是行业内所有企业的超额利润为零。"①

短期有利润的企业经过大量企业的模仿，使得企业的供给曲线向右移动，导致价格下降，最终在长期让利润消失。

2. 现代企业理论并没有改变同质性假设

现代企业理论尽管重视到企业内权威的作用，但是依然没有摆脱同质性假设，"由于深受新古典分析传统的影响，现代企业的契约理论是从企业的'交易性'角度来解释企业成长因素的，是通过与市场交易的比较成本优势来说明企业成长问题的。因此，与新古典企业理论一样，在现代主流的企业契约理论中，企业的成长仍然是外生性的，企业的行为特征同样是同质的。这样，有意思的是，现代企业的契约理论修正了新古典经济学的'确定性'假设，但由于坚持了不变的分析逻辑，最终还是得出了'同质性'的企业行为特征观。这原本是与'不确定性'的新的假设前提不相容的，但结论又是如此。因此，我们把现代主流的企业契约理论的分析框架概括为：不确定状态下的企业同质性假设"。②

①② 连建辉、黄文锋：《企业的同质性假设、异质性假设与企业所有权安排——两种企业治理观的经济学分析》，载于《当代经济研究》2002 年第 9 期，第 57~63 页。

因为同质性假设，现代企业理论绕开了关于组织租金为什么存在的问题，转而研究组织租金的分配问题；也是基于同质性假设，企业家失去了创新这种谈判权利，导致相对于企业家的人力资本来说，物质资本是重要的，最后得出了股东至上的结论。

（二）组织租金产生的背景

1. 不完全市场

最先抛弃均衡思想的是罗宾逊（Robinson，1933）。她提出了不完全市场的理论，指出在现实世界完全市场是不存在的，由于产品的差别存在，以及信息并不是完全竞争市场那样完全，不可避免存在着垄断。在垄断的情况下，将有一些企业因为拥有垄断势力而长期独占利润，并对消费者实行歧视性定价。她对马歇尔完全竞争市场的假设提出质疑，指出马歇尔把完全竞争当作常态，把不完全竞争当作偶然现象是不对的。罗宾逊夫人把完全竞争作为不完全竞争的一种特殊情况来处理，开创了微观经济学理论对市场垄断行为研究之先河。她同新古典综合派进行了激烈的辩论，主张回到李嘉图的理论，恢复经济动态不均衡的真相。[①]

罗宾逊夫人的思想是伟大的，她实际上开启了现代经济学之门，并且第一个将经济学从漫无边际的空谈中拉回到现实中。但是，有一个问题在当时由于经济学理论发展的不足而没有得到细致追究，那就是垄断是怎样产生的。古典经济学一般将垄断归因于管制所造成的特权，但是人们发现，即便是放松了管制以后，垄断依然存在，那么是不是还有其他的原因呢？其实非均衡思想所讲的产品差别实际上已经告诉我们，既然产品差别存在，说明企业实际上并不是同质的，它的要素，特别是它的灵魂——企业家创新行为更不是同质的。遗憾的是，当时主流经济学并没有意识到这一问题。

2. 不确定性

古典经济学家奈特（Knight，1921）并没有进一步去探讨垄断的问题，相反，他批判了关于过去一些乱用"垄断"的概念。他指出人们过去将很多没有弄清楚的东西归结于垄断是错误的，如穆勒将垄断定义为"有限性"，霍利干脆将垄断归因于资源稀缺性更是可笑，"垄断收入这一概念既

---

① 罗宾逊：《不完全竞争经济学》，王翼龙译，华夏出版社2012年版。

不能区别任何东西，也不能够以任何有意义的方式描述任何东西。"[①]

奈特重新又回到市场中去寻找答案，他回归到了坎蒂隆的思想。1921年，奈特开始重新涉入企业家理论，但对于企业家为什么产生的回答仍然是从风险的角度上讲的，这基本传承了坎蒂隆的传统。在他的著作《风险、不确定性与利润》一书中，奈特将企业家的职能定位于："承担不确定性和进行决策。"鉴于风险不能通过市场进行转移，因此，企业家的职能之一是必须承担这种风险。奈特进一步规范了风险的概念，他把不确定性与风险做了区分，认为"前一种情况下，在一组事例中通过计算的先验概率，或者以往经验的统计，结果的分布是已知的；在后一种情况下，结果是未知的。"[②] 风险是可以通过保险来回避的，保险市场是交易风险的一种安排。而不确定性是不能通过市场来回避的，因为人们并不知道它的概率。

（三）企业家承担不确定性是组织租金的根源

在无融资的情况下，经济学家都承认承担不确定性是利润的根源。奈特认为，这种不确定性来源于这样的逻辑：消费者并不知道自己该需要什么，他们的需要就具有很大的不确定性。而由于消费者并不和生产者事先签订合约，因此这种不确定性就转嫁到生产者身上，他们必须承担生产出来的东西不能符合消费者需要的不确定性。生产什么，什么时候生产，都具有很大的不确定性，并且不能通过市场来保险的。不确定性实际上来源于人的行为特征，它使得企业家在与消费者的契约里处于被动的地位。为了抵御不确定性，产生了企业家与利润。

奈特进一步指出，所有的收入都可以分为两个部分，合约收入与剩余。而企业家的收入分成两个部分，一是租金，它实际上支付给了各种资源的提供者。另一部分是剩余，这归企业家所有，"对于收入的两类因素，一是纯粹的工资或者租金因素，另一类是因不确定性而生的因素，我们很难准确地将前者与后者分离开。"[③] 也就是说，由于企业家承担了不确定

---

① ［美］奈特：《利润、风险与不确定性》，王宇、王文玉译，中国人民大学出版社2005年版，第135页。

② ［美］奈特：《利润、风险与不确定性》，王宇、王文玉译，中国人民大学出版社2005年版，第172页。

③ ［美］奈特：《利润、风险与不确定性》，郭武军、刘亮译，华夏出版社2011年版，第208页。

性，企业家应该获得利润。利润的存在打破了完全竞争的长期均衡观点，奈特指出：传统的经济学总是关注完全竞争，而"真实"的竞争却制造了剩余，这种剩余天然地归企业家所有。

奈特还指出，企业家的另一个职能是进行经营决策，"伴随着不确定性的存在而行事，行动的实际执行在现实意义上变成生活的次要部分了，而首要的问题和职能是决定做什么和怎样去做。"① 奈特区分了企业家与经理，认为经理是贡献了自己的企业家才能，但是没有承担风险。因此经理只能拿合约收入，而企业家不仅贡献了企业家才能，还承担了物质财产投入的不确定性，因此企业家的收入既包括一个隐性的合约收入（工资），也包括自己财产的租金以及剩余。

奈特认为，企业是一种降低不确定性的制度安排，人们风险承担能力的不同促使人们寻求风险重新分摊的有效方式，而企业正是这种可以降低风险成本从而提高经济效率的制度安排。由于企业家的判断力以及承担不确定性的特点，企业家成为企业内部的指挥中心。企业的根本特征在于企业内部权威关系的存在，即企业家享有对员工活动的控制权。企业家的判断力使得他能承担不确定性并且创造利润，企业家的这种禀赋赋予他对雇员的控制权，这是一种特殊的交换，是企业家与员工的风险偏好差异产生了这种交换。

奈特的认识是准确的，他认识到了抵御不确定性是企业租金的源泉，企业家实际上帮助企业减少了不确定性。但是，必须指出，奈特意义的企业家并不是"创造利润"，而是减少了不确定性。因为当时经济学的发展水平，奈特不可能想象到这些。另外他过分强调市场环境的影响，而忽视了企业家作为人的特点，对于企业家为什么能够承担不确定性，并没有作出正确的回答。

奈特区分了风险与不确定性，这为组织租金的产生明确了环境因素，同时为回答企业家才能的本质——创新活动提供了宝贵的理论基础，正是因为市场上有不能通过保险（或者期货）来规避的风险存在，才显现出企业家创新活动的鲜明特性。另外奈特注意到了企业家的管理职能与控制权问题，这个思路综合了马歇尔的意见，并为进一步弄清企业家活动对组织租金的影响前进了一步。

---

① ［美］奈特：《利润、风险与不确定性》，王宇、王文玉译，中国人民大学出版社 2005 年版，第 196 页。

第二节　企业家的谈判权利

企业家的谈判权利主要源于对市场中不确定性的抵御，企业家为什么可以抵抗不确定性呢，总结如下：

一、古典经济学的观点

1. 分工的指挥者

受斯密分工的思想，萨伊在 1815 年《政治经济学概论》第一次将企业家才能列入经济发展的要素之一。但是萨伊依然没有将企业家的特征总结出来。他认为把经济资源从经济效率较低、产量较小的领域转移到生产率较高、产量更大的人，就是企业家。企业家在生产过程中作为中心枢纽，收集信息、制定决策，着重发挥着其协调人、财物、产、供、销的协调作用。

对于企业家素质，萨伊认为最主要的是判断力，他认为企业家"需要相当准确地估量某一产品的重要性及其可能的需求与生产方法。他必须具备高深的专业知识，不仅必须熟悉所冒险经营的货物的性质，而且对于那种货物的需要范围及其市场范围，必须有一定概念"，此外，"他还必须掌握足够的有关人的知识，使他不至误信他的代理人、往来店家和主顾"。①

马克思提出了生产力的概念，他指出，企业作为一种专业化的合作组织，通过协作可以产生超过个人生产力加总的集体力："各种不同的互相联系的操作由时间上的顺序进行变成了空间上的同时进行，这种结合有可能大大增加一定时间内提供的商品量。"② 工厂是"一个由无数机械的和有意识的器官组成的庞大的自动机，这些器官都受一个自行发动的动力的支配，从而为了生产同一物品而协调地不间断地活动"；③ 由于工厂的出现，"工人在技术上服从劳动资料的划一运动以及由各种年龄的男女个体组成的集体劳动者的特殊构成，创造了一种兵营式的纪律。"④ 阐述了企

---

① ［法］萨伊：《政治经济学概论》，商务印书馆 1963 年版，第 327 页。
② 马克思：《资本论》，人民出版社 1975 年版，第 347 页。
③ 马克思：《资本论》，人民出版社 1975 年版，第 423 页。
④ 马克思：《资本论》，人民出版社 1975 年版，第 428 页。

业制度是产生剩余的前提，正是有了企业制度，不同的资源拥有者在企业里进行各种各样的分工，组成了人类历史上独特的组织系统，才比以往任何生产形式都创造了更大的生产力。

2. 交易的实现者

与当时的经济学家用均衡来解释经济现象不同，马克思指出由于生产的必要劳动时间不同，有的人生产的必要劳动时间短，而与别人按照同一价格出售产品时候，必然会得到一种超过平均利润的利润，马克思并没有将超额利润简单地归于垄断因素，而是认为他是人的因素，马克思指出：自然力不是超额利润的源泉，而只是超额利润的一种自然基础。……如果对地租有正确的理解，自然首先会认识到，地租不是来自土地，而是来自农产品，也就是来自劳动。……来自投入土地的劳动，而不是来自土地本身，称它为超额利润。①

马克思的平均利润学说还揭示出，当企业拥有同质性要素时候，他并不能获取超额利润，因为被平均化了，另外，在有机构成不断提高的情况下，利润率会不断下降，虽然马克思将利润率下降归于劳动力占有份额少的原因，但是，也暗含了一个思想，那就是物质资本占多数的情况下，物质资本的同质性不可能创造更高的利润。

在以往的经济思想史里，不少经济学家把目光主要投向、土地、资本等这些物的因素，过分地强调物在创造剩余的作用，忽视了人的能动因素，其实物在不同企业中是同的，而人才是最具有差异性的。可以说对资本增值源泉的理论洞察力方面，其他经济学家远不如马克思的资本理论深刻，没有深入事物的本质。

马克思还提到了关于企业家人力资本的重要作用。马克思在《资本论》中曾经指出，实现由商品向货币的价值形态转化，对于商品生产者来说，是致命的一跃。如果只是生产商品，不考虑社会对商品的需求，或者市场上这种商品已经供大于求，实现不了商品向货币的转化，那么投资人不仅得不到剩余价值，可能最终连本钱都收不回来。所以说，一般劳动的人力资本只是与物质资本结合创造了产品，企业家人力资本则实现了产品的价值。当然，由于马克思过于强调生产的作用，而不认为流通领域对于价值的创造性，因此他并没有明显地提到企业家在流通领域的贡献。

---

① 马克思、恩格斯：《马克思恩格斯全集》第25卷，人民出版社1975年版，第26页。

二、企业理论的观点：签约者与监督者

1. 签约人

现代企业理论并没有像过去那样关注企业内的物质要素，而是将企业看成一个人力资本与非人力资本的特殊合约，当然，现代企业并没有抛弃古典企业的"交易"范式，与古典经济学将企业看成规避市场中的产品交易不确定性不同，现代企业理论把企业看成是一种要素交易不确定性的规避者，这就是企业理论中的"套牢问题"。

基于人的机会主义、有限理性的假设，企业理论认为物质和人力资本的投资者对企业的投入面临着被套牢的危险，在套牢的情况下，一方很容易被敲竹杠，在剩余分配中处于不利的地位。比如其他方的中途撤资，已经实现的企业投资就会由于高度专用性而成为沉没成本。因此，对于机会主义行为必须有一个最后承担者，这个最后承担者就是成为中心签约人的企业家。

正是企业家与要素所有者的签约，才避免了机会主义的产生，同时节约了交易费用，让要素所有者放心地参与分工。

在威廉姆森（Williamson，1985、1996）的早期文献中，他很强调企业家在现货市场和纵向一体化之间的选择导致企业的产生。但是在他后来的一些文献中，他更强调企业家与要素所有者签订的是一种长期合约。因为只有一体化并不够，还应该用长期合约来防止各方的机会主义行为。

2. 监督人

人力资本是一种高度私有性的资本，由于这种私有性，使得人们有了偷懒的动机。为了创造组织租金，必须有一个监督者存在，这个监督人在合伙企业中是一个打破预算平衡的人，在一个古典企业中是一个在树荫下工作的人[①]，监督人的存在使得企业内产生了新的分工：监督劳动与生产劳动，为尽可能发挥人力资本的优势创造了条件。

三、奥地利学派对企业家谈判力来源的论述

（一）企业的异质性假设

"企业是一个历史的不断成长和演化的有机体，企业在成长中所积累

---

① 张维迎：《企业的企业家——契约理论》，上海人民出版社 1995 年版，第 102 页。

的核心能力是有价值的、异质的、完全不能仿制的、难以替代和不可交易的。一个企业的核心能力是该企业获得持续长期竞争优势的基础。企业正是通过其特有的核心能力的积累及由此所决定的竞争行为或战略来获得持续的竞争优势和超额利润。由此，企业的成长是内生性的，企业的长期租金来源是内生性的，企业的竞争优势是内生性的，因为企业的核心知识是内生性的。同时，不同企业的核心能力是完全不一样的。所以，企业是异质而不是同质的。这就是企业的异质性假设。"① 企业的异质性假设思想实际上来自奥地利学派。

从经济思想史上看，奥地利学派注意到了企业的异质性问题，是从研究人类行为开始的。他们在经济学中更加重视人类经济行为的分析，而不像新古典那样将很多东西抽象掉，另外，奥地利学派并不强调均衡的观点，相反倒是更加宣扬关于非均衡的一些观点，强调作为主体的人的作用，相信一切现象的解释都应该从人类行为出发，因此严格来说，实际上奥地利学派给经济学引入了社会学的某些特色，虽然比如在模型构建和术语的规范方面还有一定的缺陷，但是其理论引入人的行为的特点对经济学具有很大贡献。

在企业家理论中，首先是由奥地利学派的创始人之一门格尔（Menger，1871）研究了人类行为特色，关注人的行为对经济的影响，其次是由熊彼特（1912）引入了鲜明的企业家理论。熊彼特认为：在新古典经济学静态的均衡分析中，如异质性生产要素、企业家、利润等，都没有存在的余地，他怀疑人们是否能从静态角度谈论经济发展，认为内生的非价格因素在经济发展中更为重要，这种内生非价格因素就是企业家创新，由于企业家人力资本的异质性导致了企业的异质性，从而产生了经济利润，而不能将利润归于价格因素。

（二）企业家人力资本的特质是企业异质性的原因

企业家为什么可以抵抗不确定性？这个问题在思想史上一直没有得到回答，最终是奥地利的经济学家，如哈耶克（Hayek，1945）、科兹纳（Kirzner，1973）等陆续建立起了企业家理论，回答了这个棘手的问题。虽然由于人类行为的复杂性，给这一理论的发展带来了困难，但是奥地利学派

---

① 连建辉、黄文峰：《企业的同质性假设、异质性假设与企业所有权安排》，载于《当代经济研究》2002 年第 9 期，第 57～63 页。

对企业家特征的分析却使得企业家理论更接近于现实。这些特征包括：

1. 创新能力

熊比特（1912）指出，所谓创新就是企业家对新产品、新市场、新的生产方式、新组织的开拓以及新的原材料来源的控制调配，经济发展是动态的，是对现存的均衡状况的改变。经济发展不是因为人口、欲望状态、经济和生产组织的变化被称为"生产扩张的外部因素"，企业家对生产要素的重新组合才是经济增长的基本动力，才是经济增长的内在因素，也就是说，企业家的创新是发展的核心，企业家是创新的灵魂，创新是公司成长迅速的原因。

熊彼特的创新理论将企业家理论引入了一个新的境界，他首先给企业家赋予了区别普通经理的特征，即企业家比经理人具有更多创新的能力，这是企业家最重要的特征。什么是创新？首先，要对"创新"有所解析。德鲁克（Drucker，1976）认为创新有五大原则：第一，有目标、有系统的创新始于对机遇的分析；第二，创新既是概念性的又是感性的；第三，为了能达到预期效果，一项创新必须简单明了，目标明确；第四，有效的创新都是从小事做起，而并非一开始就规模庞大，而且往往围绕着某一特定事物展开；第五，一项成功创新的目的在于取得市场的领导地位。简言之，所谓创新就是人们通过发现、综合、创造、替换等方式实现事物变化、变革的行为。①

2. 对前景的敏感性

哈耶克（Hayek，1945）认为在不确定的世界里，竞争的"发现程序"能够自发地协调地分散的信息，从而最终形成一种趋向均衡的趋势。新古典理论提出的所谓"正确的"价格是虚幻的；在现实中，价格在某种程度上总是"不正确的"，因而总是提示人们应该透过竞争性过程重新配置资源。这时企业家的作用就变得很重要了，因为企业家是协调的实施者，企业家在市场中的作用可以用发现机会来说明，也就是能够知道消费者需要什么，生产者生产什么的问题。②

科兹纳（Kirzner，1973）认为，企业家精神是所有人类行为的一个方面，而并不仅仅是生意人或冒险商人的特殊技能。企业家精神的本质就是对以前未被认识到的机会的敏感机警。"企业家并不拥有其他人不拥有的

① ［美］彼德·德鲁克：《创新与创业精神》，张炜译，上海人民出版社2002年版，第177页。
② Hayek F. A. The Use of Knowledge in Society, American Economic Review, 1945, 35 (4): 519–530.

具体的（科学）知识，企业家所拥有的毋宁说是发现为人忽视的东西的感觉，如果你愿意，可以说它是一种知道在何处发现知识的感觉。这的确是企业家的一种微妙的、难以捉摸的作用，但我认为，这也确是一种极端重要的作用。"不仅是这种感觉，而且"能够有效利用"。其认为企业家精神表现在两种警觉上：回顾型警觉是指个人在判断社会当前状态的方向发展后，提早布局以抢得利润。前瞻型警觉是指个人不再是影响市场发展极微的参与者，而是市场发展方向的创造者。对企业家而言，利润并不是客观地存在，因为它原本并不存在；利润是随着他的市场开发而一点一滴地呈现出来。①

3. "填空"者

莱宾斯坦（Leibenstein，1968）认为，企业内存在着 X 非效率的一面，企业家职能主要有两个：一是"填空"职能，即企业家通过搜寻和发现经济机会，筹集资金创办企业，从而在有些投入要素不可能市场化或尚未出现在市场上的情况下，弥补市场中的"缺口"。二是"投入补齐"功能。任何一种经济活动所需的投入要素的种类有一个最低限额。如果某些经济活动所需投入要素的种类少于这个最低限额，企业家就以"投入补齐"者身份弥补市场上所缺少的投入要素，以改善现有的生产方法或引进新的生产函数。或者说，企业家充当投入要素市场的中介者，改善投入要素市场的信息流。企业家发挥"填空""投入补齐"功能的结果是把不同的市场联系起来，形成新的市场，同时又创建和扩展了企业活动和规模。②

4. 企业家判断

卡森（Casson，1982）认为企业家的功能是"企业家判断"，把企业家定义为专门就稀缺资源的协调作出判断性决策的人。所谓"企业家判断"，是指在不确定条件下，只依据所掌握的公开信息，按照既定的决策规则和程序所作的决策，这种决策只能在具体环境中体现出来，它能够改善在不确定环境中必须迅速作出的决策的质量。企业家不仅要作出长期决策，还要考虑到利益相关者在这种不确定环境中的反应。"企业家判断"这个概念抛弃了认为一切决策都只需根据价格体系所提供的公开信息进行边际主义计算的观点，考虑到了信息是有成本的和不同的人获取信息的成

① 参考 Peter Boettke：《当代奥地利学派掌门人：ISRAEL M. KIRZNER》，秋风译，思想评论网，http://www.lyyz.cn/YWYD/jiaoshicankao/sixiangqianyan/sixiangpinglun/index.htm。

② Leibenstein, Harvery. Entrepreneurship and Development, *American Economic Review*, 1968, Vol. 58：72－83.

本是不同的这两种情况。企业家就是专为稀缺资源协调做出判断的人，在企业家功能上，除了肯定熊彼特的"创新功能"外，还提出：（1）套利功能。卡森认为，熊彼特清楚地认识到企业家不是发明家，他所做的是根据利润机会和个人奋斗目标进行的判断性决策。企业家只对决策行为负责，决策的结果或者说经营风险由资本所有者承担。企业家的套利功能与创新不同之处在于，企业家在两个独立的资源所有者之间发现获利机会并且采取行动获取利润。（2）创造市场的功能，企业家通过中介和内部化两种方式降低交易成本，改进交易制度，促使市场的形成①。

（三）奥地利学派关于企业家谈判力的评述

总结以上，尽管奥地利学派企业家理论很多，但遗憾的是一直缺乏一个主线，这使得奥地利学派很多观点不仅啰唆而且重复，有的还混淆了企业家与其他概念的含义，从而引起了混乱。下面对奥地利学派的观点进行一个批判性总结。

1. 奥地利学派从各个角度论述了企业家的谈判力

熊彼特意义的企业家创新与科兹纳的企业家敏感性是从市场的角度上讲的，莱宾斯坦则从企业内角度讲的，卡森企业家判断涵盖了市场与企业的两方面。

2. 创意是企业家特异性的显现

企业家特异性尽管很多，但是最主要的是企业家的判断，企业家判断或者企业家的"创意"是为企业家融资理论的"硬核"。

正因为有以上这些特征，企业家才真正成为具有鲜明个性的人，成为卡森所说的"非常稀少"的人。当然，尽管卡森对于企业家的概括是准确的，但是也必须指出，卡森过分强调市场的作用，忽视了企业家对企业内部比如管理组织、用人决策方面的判断等，影响了他对企业家判断的概括。

如果将这种企业家的判断加入企业家的经营决策职能，则无论是熊彼特的创新，还是科兹纳的"敏感性"等，其实都是对企业家判断的延伸。正是有了准确的判断，企业家才有了对于市场机会的捕捉，科兹纳的"敏感性"是判断力的外在表现；熊彼特的"创新"也来源于这种判断；罗

---

① 转引自黄泰岩、郑江淮：《卡森企业家的理论述评》，载于《经济学动态》1997 年第 8 期，第 64~68 页。

宾斯坦因的"填空"职能也是企业家判断出市场不完全性而做出的反应。可以把企业家判断表面化为一种"创意",它是企业家人力资本不同于一般人力资本的特质。

3. 企业家谈判力与资本的谈判力不同

尽管企业家创办企业拥有自有资金,但是必须指出,企业家的谈判力并不是仅仅因为企业家拥有自有资金,而是因为企业家才能的存在,企业家才可抵御企业面临的不确定性,是一种非常稀缺的资源,与资本一样,它同样拥有自己的产权,可以作为一种谈判力存在。

第三节 企业家谈判力与投资人谈判力的区别

企业家的谈判力一方面来自他的自有资本,另一方面来自企业家人力资本的特异性。下面先回顾人力资本的发展历史。

一、人力资本理论的建立与发展

(一)古典经济学中的人力资本思想萌芽

经济学家亚当·斯密早就提出过人力资本的思想。如斯密(Smith,1776)曾经指出,教育有助于提升工人的生产力,就如同购置新机器或其他物质成本一样,可提高产业界的生产力。古典经济学虽然谈到人的知识和能力在生产中的作用,但在总体上一直把物质因素作为经济增长的唯一源泉,没有认识到经济发展主要取决于人的质量,而不是自然资源的丰瘠或资本存量的多寡。

阿弗里德·马歇尔是对人力资本加以重视的又一著名经济学家。他在《经济学原理》中将人的能力分为"通用能力"和"特殊能力"两种。前者包括决策、责任等能力,后者指劳动者的体力与熟练程度等。马歇尔认为人力资本投资具有长期性,教育的经济价值在于培养人的能力,教育投资可以给国家带来巨额利润。

(二)人力资本理论的建立

雅各布·明塞尔(Jacob Mincer,1959)于1959年在其博士论文《人力资本投资与个人收入分配》中把人力投资的概念和人力资本分析方法正式引入经济学理论之中，开创了对人力资本的研究，并构建了人力资本的测量模型，分解了各种人力资本。[①] 以后在芝加哥大学任教的西奥多·W. 舒尔茨、加里·贝克尔等发表了一系列重要论文，人力资本理论体系最终趋向于成熟和系统化，成为一个重要的经济学分支。

（三）人力资本理论的发展

明塞尔建立了计量模型，提出了关于人力资本的"挣得函数"，并利用模型分析了在工作转换、迁移等方面的"挣得"，最终提出了比较完整的人力资本理论。舒尔茨对人力资本从宏观视角进行了研究，他从宏观上把资本分为物质资本和人力资本两种形式，人力资本是指体现于劳动者身上的资本，以劳动者的数量和质量表示。其中劳动者的知识水平与劳动技能水平差异决定了人力资本的生产效率，最终使国民收入增长的程度也不同。

加里·贝克尔（Gary Becker，1989）弥补了舒尔茨只重视宏观的缺陷，贝克尔则从微观视角对人力资本进行具体研究："一些教育活动影响货币收入，而另一些影响心理收入，即消费在职培训主要影响货币收入，而高等教育可以既影响消费又影响货币收入。"[②] 贝克尔系统地提出了人力资本的生产理论、人力资本的分配理论、人力资本与职业选择理论，由此构筑起人力资本理论的基本框架。[③]

二、企业家人力资本的特性

企业家人力资本谈判力与物质资本的谈判力不同，主要表现在人力资本的特性上。

（一）企业家人力资本的私有性

人力资本最突出的特征表现为绝对的私有化，这是人力资本的一般性，企业家人力资本也没有脱离这样的特征。周其仁（2006）在其《真

---

① ［英］马克·布劳格：《20 世纪的百名经济学巨匠》，中国经济出版社 1992 年版，第 201 页。

② ［美］加里·贝克尔：《人力资本》，北京大学出版社 1989 年版，第 1 页。

③ 参考《新帕尔格雷夫经济学大词典》，李平译，经济科学出版社 1996 年版，Vol. 2，第 736 ~ 743 页。

实世界的经济学》一书中，首先肯定了罗森的观点，在自由社会里，人力资本的所有权只限于体现他的人，即人与人力资本的不可分割性。① 巴泽尔在《产权的经济分析》中的描述，把奴隶称为是主动的财产，不但会跑，而且事实上控制着他自己劳动的供给，奴隶主虽然有权强制努力进行劳动，但是由于奴隶的主动资产的特性，即使奴隶主付出了高昂的监督成本，但是也不能尽如人意，一部分奴隶主只好允许奴隶将超额部分归自己②。

王开国（1999）在论述企业家的人力资本时候指出，人力资本的私有特征使得它在使用的过程中，外界约束无法对它进行在量上与质上进行准确的测量与控制，这使得任何关于人力资本的合约不可能完善，偷懒是人天生的权利。别人监督的权利是有限的，因此只有激励才有效的。另外，人力资本的私有性似的对他进行定价也有困难。他借用杨小凯与黄有光的理论，认为不能对管理知识进行直接定价，因为交易成本太高。即使高支付也未必达成交易，这样，越是高级的人才越是卷入企业内的分工，以间接定价的合伙契约可以避免直接定价，而企业内部定价实质上是由被定价者掌握某种份额内不确定性的最终可分配收益。如果被定价者是企业家，则是被指挥者让渡剩余支配权以"雇佣"指挥者的过程。他们进一步指出，人力资本的经济资源的配置能力本质属性应该包括三个部分，有一个天生的存量与发展潜力，需要周围经济环境的激励，环境的压抑可以使人力资本"关闭"起来。

企业家人力资本的私有性引发三个推论：

1. 企业家人力资本不具有抵押性

人力资本是私有的也是不能分割的，因此企业家的人力资本不具有抵押性。因为人力资本与货币的不同，货币具有分割性，它可以在必要的时候作为抵押物去偿还债务，而人力资本不可能同时去偿还几个人的债务，虽然在过去中国的历史上曾经有过农民在破产后去地主家卖身为奴的先例，但是对于因为复杂性才具有价值的人力资本来说，同时又面对很多债权人，卖身为奴的情况就不能发生了。人力资本不能作为抵押物的另一种观点是，人力资本不能通过可观察的信息进行定价，在面对巨大的风险投资的时候，如果失败，不可能通过给人干活的方式去偿还的债务，因为根本偿还不完，人们也没有办法去估计人力资本的价格。所以，在今天的社

---

① 周其仁：《真实世界的经济学》，北京大学出版社 2006 年版，第 98～126 页。
② 巴泽尔：《产权的经济分析》，上海人民出版社 1997 年版，第 109～132 页。

会，企业家人力资本不能成为抵押物。企业家不可能以人力资本作为抵押去成立自己的企业，所以受资产约束的企业家要想实现自己的梦想必须融资。

2. 声誉是企业家人力资本的品牌

人力资本的不可估价性使得人们只能通过观察过去的人力资本的经历来粗略地估计人力资本的价格，所以对于企业家来说声誉是重要的。拥有声誉可以提高企业家人力资本的市场初步估价，由于声誉的基础是人力资本，因此可以将声誉看作人力资本的品牌标识，就是说如果企业家创业成功，企业家将拥有投资人不能分享的额外报酬，即声誉，它是企业家的正外部性报酬。相反如果创业失败，企业家也将面临巨大的负外部性。企业家的投资是一场赌博，赌局对企业家来说具有激励性，就是作为品牌效应的声誉存在，赢的企业家会因为声誉接受更多的社会资本，并更容易赌赢，形成良性的循环机制。从声誉角度重新理解熊彼特关于企业家是人力资本风险承担者的理论，可以领会到这位伟大经济学家的先见性。

3. 企业家人力资本的发挥受到环境的影响

人力资本作用的发挥具有不确定性。人力资本是一种无形的潜藏在其所依附的个体身上的资本，其作用的发挥受个体心理意识的影响，个体心理意识又往往受到外部环境的影响。具体地说，作为主体的个人来讲，企业家有做出努力和不做出努力的有意识或无意识的选择，决定选择的是个体心理意识，个体心理意识又受外界环境的影响，最终环境会影响到人力资本作用的发挥。环境对人力资本的发挥有影响已经受到广大经济学者同意，即当人力资本受到环境的影响而感觉自己并没有受到应有待遇的时候，人力资本就会关闭起来。

（二）企业家人力资本的异质性

企业家人力资本异质性主要是指企业中人力资本稀缺程度较高的企业家人力资本。首先表现在专用人力资本的形成上，需要特异的知识构架、心智结构，由于经历、气质以及思维方式、知识背景的不同，形成了不同的企业家才能；其次在现实中对于不同的企业家来说，其对企业的管理风格与创新的角度是不一样的，由于企业家的知识有局限性，因此，企业家在组织创造利润时候有明显的路径依赖，这就是企业家异质性的表现。新古典经济学中将企业家作为同质性要素来考虑是不符合现实的。

（三） 企业家人力资本的能动性

人力资本是私有的，决定了它不可能与普通的商品一样具有市场的可交易性。一般市场交易的产品都具有实体的可转移性，而人力资本则与赋予他的载体一起紧密联系在一起，人们不可能通过外部观察来衡量出人力资本的内部信息，也就是巴泽尔所讲的考核成本的困难性，在没有办法观察的情况下，人力资本只有通过激励才能被激发出来，同时通过监督手段使其保证使用在目标轨道上。激励与监督对人力资本这种特殊物品具有必要性，而一般交易物不可能具有这样特性。

另外，从心理学上也可以解释激励问题。行为主义者期望理论认为：人们采取某种行为方式是因为人们相信这种行为方式将产生他们期望得到的回报，根据行为者期望理论，企业激励机制的作用就在于当行为者的行为有助于实现企业目标时，企业就向他们提供行为者期望得到的回报。

人力资本不同于其他的物质资源，人力资本是活的资本，其他物力资本和自然资源都是死的资源，其本身并不会自行释放出巨大的生产力，必须要有人力资本的投入才能获得效益。因此，人力资本的能动性是最大的生产力和社会财富，是科学技术得以不断进步的动力和源泉，人力资本能动性使得人力资本不但具有发挥自身能力的功能，还具有吸收消化等功能，比如那些具有高人力资本存量的企业，不但具有巨大的内在创造力，而且具有强烈的吸收和消化外来技术的能力，能够有效地引进先进技术改造自身技术并推进技术的发展，形成企业强大的竞争力。

三、企业家人力资本的专用性

企业家人力资本与物质资本一样，都具有专用性。专用性是指资产在用于特定用途以后很难再移作他用的性质。经营者人力资本的专用性来自经营者在特定企业中的实践，是专门为组织某一特定团队生产而进行的持久性知识和技能的投资。人力资本专用性强调了经营者与企业这一环境之间的紧密融合，并形成在知识或技能上的依赖性。人力资本的专用性是建立在企业家对于政策环境、企业人员、生产进程等熟悉的基础上的，如果具有某种专用性人力资本投资的人退出企业，不仅会给企业带来损失，而且会给自己造成损失。因为专用性形成的价值在其他的环境中将得不到充分体现。

企业家人力资本的专用性使得企业家人力资本存在套牢的问题。也就是说，企业家如果失去控制权，将会使得自己多年的人力资本投资遭受损失。从这个角度说控制权对企业家是重要的。

小　　结

一、组织租金是投资人与企业家谈判的对象

这个命题是在总结前面一系列观点得出的。可以看出，企业家融资理论解决的核心问题是企业家谈判权利的来源（人力资本特异性）与企业组织租金如何分配，双方谈判的主要对象是企业家创意与资本融合形成的组织租金。

（一）市场里的不确定性是组织租金赖以存在的源泉

从奈特与马歇尔等古典经济学家的理论中，企业就像一个飘摇的小船，无时不在不确定性的海洋里，不确定性一方面不断地要求企业进行一个个面临生死的选择，另一方面又赋予了企业创造利润、登峰造极的机会。因此，如果没有不确定性，很难想象企业组织租金的存在。

（二）组织租金是企业家与投资人谈判的对象

现代企业中，企业家与投资人谈判的对象是组织租金，因为组织租金是团队生产的结果，双方对组织租金的产生都作出了贡献。企业家融资的重要问题是和投资人就怎样分享组织租金进行谈判。

二、投资人谈判权

投资是一件很危险的事情，企业投资者直接面对着市场中的不确定性，投资就像一场没有任何把握（如果忽略企业家创意的话）的赌博一样；另外从合约理论可以看出，投资还要面对企业内部不确定性，如机会主义，时刻面临被套牢、被"敲竹杠"的危险，因此，具有风险规避偏好的人去投资是损失效用的事情。

投资人把自己的物资资本投入企业中，本身就为企业内其他人承担了不确定性风险，没有这种投资，组织租金只能是空中楼阁，因此，投资人的物质资本投资获取了谈判权。

三、企业家谈判权

企业家人力资本的特异性在于企业家判断。卡森在他的论述中已经给出了一个明确的回答。企业家判断使企业在不确定性的海洋中减少了风险。企业家判断一方面形成于企业家的经验，另一方面来自企业家的创新。企业家的经验给他带来的只是一般性的工资收入，相当于马克思的平均利润，企业家创新则为企业创造了重要的组织租金，企业由于企业家创新的存在而更加具有异质性，也就是企业的特质。

因为企业家人力资本的异质性，企业家组织企业内各种资源形成了更加有效的组织，促成企业的特异性，创造了组织租金。企业家通过企业家判断发现非均衡的存在，成为企业的指挥中心，组织资源创造了组织租金。

企业家还通过自己投入的资本承担了部分物质资本风险，推动了企业的建立，成为企业的发起者，并作为企业的中心签约人承担被套牢的风险。

从以上分析可以看出，在创新的进程中企业家与投资人都做出了贡献，因此，如果企业家向投资人进行融资，从理论上讲必须实行分成的方式。

第四章 企业家与投资人融资合约形式

第一节 企业家的类型与合约选择

一、分成谈判

在企业家的企业里，企业家与投资人融资谈判中心就是分成，对于投资人来说，他的投资是一个高风险的行为，前面已经分析过这一个问题。因此投资人最关心的就是自己的投资回报，投资人市场中也有一个参与激励的问题，如果回报太低，投资人宁可将自己的投资投入其他地方，甚至在极端的情况下存到银行去。

因此在企业家与投资人都要求有必要合理回报的情况下，企业家与投资人进行谈判。谈判结果应该是考虑到双方利益最大化前提下确定的分配方案，这样才能吸引企业家组织资源和投资人投资企业。

在实际的合同中，设计投资合同也首先考虑企业家与投资人的利润分配问题，合同一般包括三个方面：（1）交易价格，即投资人的风险投资可以换取的股份数量。（2）对投资的保护性契约，它可以限制资本消耗和管理人员工资，也可以规定在什么样的情况下风险投资人可以接管董事会，强制改变企业的管理，通过发行股票、收购兼并、股份回购等方法变现投资，保护性条款还可以限制企业从其他途径筹集资金，避免股份摊薄。（3）通过一种被称为赚出的机制设计，合同可以将企业家所取得的股份与企业目标的实现挂起钩来，激励企业家努力工作。[①]

[①] 《风险投资教程》，KB可乐公司内部资料，第71页。

二、企业家分成的理论

(一) 三种合约安排

在与投资人的融资合约安排上，企业家可能有以下三种选择：

一是企业家给予投资人固定的收入，由企业家承担全部风险。这相当于发行债券。

二是企业家与投资人签订分成的合约，双方共同承担风险。

三是由投资人承担全部风险，由投资人付给企业家固定费用。这相当于一般经理人的安排。

那么企业家会选择哪一种合约呢？由于企业家特别关注自己控制权问题，所以第三种企业家变成经理人，会失去控制权，这种合约企业家一般不会选择。

(二) 已有的理论

张五常认为"人们选择不同的合约安排，是为了在交易成本的约束条件下，从分散风险中获得最大收益"，[①] 他在著名的《佃农理论》中通过对土地的不同比较，得出了不同的合约选择。他认为如果缔约双方都是属于风险规避型的，在交易费用的约束下，缔约的双方都追求风险分散所带来的收益最大化，当交易费用至少可以由收益完全补偿的情况下，双方会选择交易费用较高的分成合约，反之则会选择交易费用较低的定额租约和工资租约。

张维迎（1996）认为：风险分担是利益分享的前提和基础，企业治理结构中所有权安排本身并不是目的，而只是实现剩余索取权与控制权相对应的一种手段。明确了企业剩余或多、或少、或正、或负的不确定性后，让经营者（人力资本）享有一定的剩余索取权，是因为经营者具有"自然控制权"。为了使经营者对自己的行为负责，就得让他们承担一定的风险。由此，公司治理结构背后的逻辑是：无论是控制权跟着剩余索取权（风险）走，或剩余索取权（风险）跟着控制权走，一定使两者达到最大可能的对应。[②]

---

① 张五常：《经济解释——张五常经济论文选》，商务印书馆 2000 年版。

② 张维迎：《所有制、治理结构及委托—代理关系——兼评崔之元和周其仁的一些观点》，载于《经济研究》1996 年第 9 期，第 3 ~ 15 页。

从以上可以看出，张维迎主要考虑到企业家控制权与风险的关系问题，张五常则更加深入地考虑到风险的来源是交易费用，交易费用大小是达成何种合约的关键。在分成情况下，交易费用主要是双方谈判的费用和合约执行的费用，这是双方所担心的问题。如果交易费用过大，则鉴定合约以及事后的"敲竹杠"问题将更加严重，所以需要双方谈判的分成合约的费用是费用较高的合约，定额租约和工资租约交易费用相对较低。张维迎则强调企业外的风险，认为来自企业外的压力使得企业家必须与投资人共同承担风险，所以双方应该共同分享剩余。

风险确实是双方采用哪种合约形式的最重要的依据，一般来说，企业家以自己有限的物质资本承担了企业的在外风险，同时又以自己的人力资本承担了声誉被破坏的风险，投资人也以自己的物质资本承担了创业失败的风险，因此剩余分享机制从本质上讲应该是一种共担风险的机制。

三、模型证明

先讨论一下关于企业家的类型，根据风险的态度不同，可以将企业家分成风险规避与风险中性两种人。假定投资人可以有很多的投资项目，所以他可以通过分散投资的方式去规避风险，因此一般假定投资人是风险中性的。同时为了分析的方便，不考虑多重融资以及多人进行融资（有多个企业家与多个投资人的情况），假设研究的是一个双头垄断的模型。

现在假定企业家有一个项目需要融资，对于定额合约与分成合约企业家接受哪个主要取决于他的风险偏好。

先看一个简单的模型：

（一）假定企业家是风险中性的

为了简化模型的分析，假定合约是完备的，不考虑风险的因素，创意一定成功。这样利润的存在只取决于企业家的努力与否。假定利润用 $R(a)$ 表示，其中 a 表示企业家的行动努力，假定这里 R 是 a 的凹函数，也就是说，企业家的努力可以帮助企业家获得最大利润。因此，投资人有动机让企业家更加努力，从而获得更大的收益。另外，假定 C 作为企业家努力成本，假定同样为凹函数，企业家的努力越大，则付出的成本也越大。最后，假定不考虑声誉的因素，企业家的偏好主要从货币收入中获取，即 R，假定企业家不出资，企业家的收益为 $R-C$。

如果企业家选择的合约是选择分成，按照纳什谈判原理，每个人从 R 那里获取 $1/2$ 的分成为最优。

那么通过解最优解：

$$\max R(a)/2 - C(a) \tag{4-1}$$

$$\max R(a)/2 - C(a) \geq 0 \tag{4-2}$$

$$R(a)/2 - C(a) \geq r(a) \tag{4-3}$$

$a \in A$，$r(a)$ 是他的机会成本。

于是，会得出一个最优行动 a^*，投资人与企业家最终的收益分别是 $R(a^*)/2$ 与 $R(a^*)/2 - C(a^*)$。

分析发现，这个问题的结果并不是一个有效率的结果，因为存在着另一个能使双方都能得到改善的行动与结果，比如假定对于任何实现的利润 R，投资人只享有固定的收益 $(a^*)/2$，并将剩余的利润分配给企业家，这样，企业家问题就变成解以下问题：

$$\max R(a) - R(a^*)/2 - C(a) \tag{4-4}$$

$$R(a)/2 - C(a^*) - R(a^*)/2 \geq 0 \tag{4-5}$$

$$R(a)/2 - C(a) \geq r(a) \tag{4-6}$$

$$a \in A$$

由方程 $R'(a) = C'(a)$ 得到另一个有最优的行动 a^{**}，由于 $R(a^{**}) \geq R(a^*)$，投资人的境况没有改变，企业家的境况改善了，符合帕累托有效条件，因此如果不考虑风险因素，最优的分配方案是由企业家支付给投资人固定的报酬。[①]

当企业家不承担任何物质资本风险的时候，对于风险中性的企业家来说，最好的办法是让他享有剩余索取权。

（二）假定企业家是风险回避的

继续前文的分析，发现当企业家是风险回避时这个解不再是最优的，因为在那时，即使企业家被诱导采取了使期望收入最大化的行动，由于减少了风险分担，也会产生效率的损失。现在分析如下：

这里，产量不只是企业家行动的函数，也是随机变量 θ 的函数。这样原来的函数形式变成为 $R(a, \theta)$，其中对于任何的 θ，R 都是努力程度的

---

① ［美］戴维·L. 韦默：《制度设计》，费方域、朱宝钦译，上海财经大学出版社 2004 年版，第 30～31 页。

增函数。对于企业家来说，观察到的收入 R 可能是企业家高努力加上低 θ 值的结果，也可能是高 θ 值和低努力的结果。由于企业家是风险规避的，对于确定报酬 $R(a^*)$，会优于不确定的期望报酬为 $R(a^*)$ 的安排，因此，有效率的激励应该是给予企业家以固定报酬 $R(a^*)$，从而由投资人承担所有风险。这样，企业家的境况严格变好，而投资人的境况没有变坏。

但是这样一来，追求最大化利益的企业家会付出尽可能低的努力水平，存在道德风险问题，企业家的行动会偏离行动 a^*。所以必须放弃固定分享的原则，采用由双方都共同承担风险的办法，即分成制来分配双方的利益。由企业家与投资人共同承担风险。

其实，霍尔姆斯特罗姆和米尔格罗姆（Holstorm and Milgrom，1987）的代理人模型中也暗含这一推论。假设企业家为代理人，投资人为委托人。令行动 a 代表代理人的努力，令 $R = a + \varepsilon$ 为委托人观察到的产出，随机变量 ε 具有均值为零、方差为 δ^2 的正态分布，假定委托人选择的激励方案是线性的，使得 $S(R) = \delta + \gamma R = \delta + \gamma a + \gamma \varepsilon$，由于委托人是风险中性的，其效用为

$$E[R - S(R)] = E(a + \varepsilon - \delta - \gamma a - \gamma \varepsilon) = (1 - \gamma)a - \delta \quad (4-7)$$

假定代理人具有不变的绝对风险回避效用函数，其中 γ 为绝对风险回避系数，ω 为财富，代理人的财富就是 $\omega = \delta + \gamma \omega$ 服从正态分布，所以财富也服从正态分布。于是激励性的报酬 R 相联系的代理人的效用将由下列式给出

$$\delta + \gamma a - \gamma^2 \sigma^2 r/2 \quad (4-8)$$

代理人希望最大化这一效用减去努力成本 $C(a)$：

$$\max \delta + \gamma a - \gamma^2 \sigma^2 r/2 - C(a) \quad (4-9)$$

给出一阶条件：

$$\gamma = C'(a) \quad (4-10)$$

委托人的最大问题是，在代理人得到某一水平的保留效用 U 约束下，给定最优的 δ，γ 这一问题写成：

$$\max(1 - \gamma)a - \delta \quad (4-11)$$

$$\text{s. t.} \quad \delta + \gamma a - \gamma^2 \sigma^2 r/2 - C(a) \quad (4-12)$$

$$\gamma = C'(a) \quad (4-13)$$

从第一个约束里求解 δ，从第二个约束中求解 γ，并代入目标函数，经过简化得出：

$$\max a - C'(a)^2 r\sigma^2/2 - C(a) \quad (4-14)$$

微分，得出一阶条件：

$$1 - rC'(a)C''(a)\sigma^2 - C(a) = 0 \qquad (4-15)$$

求解 $\gamma = C'(a)$，得出：

$$\gamma = \frac{1}{1 + rC''(a)\sigma^2} \qquad (4-16)$$

方程显示了解的实质特征，如果 $\sigma^2 = 0$ 以至于不存在任何的风险，有 $\gamma = 1$，即由代理人获得所有的产出；如果 $\sigma > 0$，则 $\gamma < 1$，产出由两者按照比例平分，其中不确定性越大，或者当事人越是规避风险，则代理人分得份额越小。还可以推论，在考虑到委托人的效用函数之后，激励的效率将不是古典意义上的最优（由委托人付给代理人固定份额），而是次优的结果，即由代理人与委托人共同承担风险，双方的共同分担也可以降低彼此的风险，增加双方的收益。①

可以将以上的结论用图 4 - 1 表现出来。

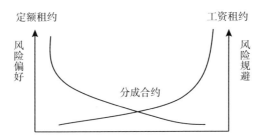

图 4 - 1　企业家与投资人的分成合约

最优选择应该企业家与投资人都愿意承担一部分风险，但又不是完全的风险规避，最终签订分成合约。实际上分成合约并不一定是一次谈成的，需要双方不断对剩余进行衡量、判断各自的贡献，最终达成合约。在现实中谈判的交易费用往往较高，但是如果谈判的收益更大，签订分成合约也很有可能。

重新理解张五常那段话："对于定额租金，当它受到分成制的竞争制约时，佃农提出他所要使用的土地数量，由他单独决定用于每个生产周期的非土地投入量。在分成租佃时，土地所有者与佃农共同决定非土地投入对土地投入的集约度……在资源私有制下，合约双方可以在工资合约、分

---

① 瓦里安：《微观经济学》（高级教程），董晓远等译，经济科学出版社 1997 年版，第 484 页。

成合约或这两者的结合间进行自由选择。分成合约为什么常常在农业中处于支配地位？是什么因素在决定合约的选择？为什么合约安排的形式在各地差异甚大？这些问题都可以在一个一般理论框架中加以分析。我在另一著作中已发展了一种选择理论方法来解释在交易费用制约下基于规避风险的合作行为"。[①] 不管是什么合约，都是基于风险偏好的一种考虑，是双方谈判的重要结果，也是双方进行合作的开端。

第二节　企业家的效用函数

下面进一步分析出企业家的效用函数。

一、以往论述的企业家效用函数

（一）古典经济学模型中没有企业家的效用函数

古典企业中更加关注资本和同质性的劳动，企业家没有效用函数。企业家也没有被赋予特征化的处理。马歇尔在《经济学原理》中将企业家才能仅仅看作生产函数中与资本、土地和劳动一样的变量，这虽然更容易达到均衡的结果，但是忽视了企业家本身的一些特殊要求。

（二）现代委托代理理论对"努力"与"不努力"变量的引入

现代企业理论开始关注了一些企业家的特殊要求，尽管建立在企业家理论基础上的，但是委托代理理论的基础依然是一种同质性假设的企业家模型。张维迎概括的代理模型假设如下：一是委托人对有随机的产出没有（直接）贡献（即在一个参数化模型中，对产出的分布函数不起作用）；二是代理人的信息不容易被委托人观察到（虽然有间接的信号可以利用）。通过这个假设，理论给出了对于管理者（由于委托代理针对的是管理者，因此这里采用这一称谓）的效用函数，即管理者是关注"工资"的人，在"工资"的激励下，通过"高努力"与"低努力"的选择，来决定达

[①]　张五常：《私有产权与分成租佃》，转自陈昕：《财产权利与制度变迁——产权学派与新制度学派译文集》，上海人民出版社 1994 年版，第 132 页。

到委托人的预期目标，通过模型的简化让管理的激励完全被单一化（特别的，赫姆斯特姆（1979）还将它作为线性函数处理），有利于对管理者进行最优化处理。尤其是在企业家的监督中，只有努力与否是可以监督的，关注"努力"与"不努力"是可行的。但是这样如果完全照搬到企业家的模型中，企业家变成了一个赚钱的、只重视眼前利益的机器，而彻底抹杀了企业家的特性。[①]

杨其静（2005）指出，其实偷懒与盗窃并不是企业家的特殊风险。他指出，企业家并不是一般的经营者，也就说，不能因为企业家担任了企业主要经营者的角色，而忽视了作为企业家和企业的最基本性质。企业是企业家的企业，这与一般的委托代理理论有着本质的不同。一般的委托代理是将企业定为投资人的企业，而企业家是将企业作为自己的事业，从而向投资人进行融资，因此，偷懒不可能是企业家的理性选择，因为企业家在享受偷懒的私人好处时候也将承担自己巨大的私人成本——企业建立的失败和企业家私人人力资本价值的不可实现，何况现实中的企业家也注入了自己的资本。虽然普通的经营者的报酬可以部分地表现为剩余索取权的形式，但是通常有一个相当数额的固定报酬要求权，如果达不到就有了偷懒的动机。而且兑现秩序如果落后于股东的剩余索取权，就会通过在职消费耗损现金流。[②]

这里可以模型化这一思想，比如当企业的剩余为 Y，而企业的分成为经营者占有份额为 a，当 $a \leqslant 1/2$ 时候，巨额的在职消费显然对经营者有利，比如每花费 1 元，经营者自己只需要分摊 a。而如果不花费，则剩余将被投资人占有大多数 $(1-a)$。如果企业属于企业家，那么企业家对现金流的支付将影响自己企业的前程，这点企业家将不得不考虑。

（三）声誉理论对企业家效用函数的影响

声誉最早被定义为"个体持股者对于公司如何满足股东期望的行为及表现的感知的集合。"[③]，随着人们对企业声誉研究的深入和社会群体对声誉关注度的增加，在 20 世纪 90 年代中期，在商业和与商业相关的研究领域，企业声誉被定义为："与其他竞争对手相比较而言，基于对企业过去

---

① 张维迎：《企业的企业家—契约理论》，上海人民出版社 1995 年版，第 31 页。

② 杨其静：《企业家的企业理论》，中国人民大学出版社 2005 年版，第 104 页。

③ Steven L. Wattick. "Measuring corporate reputation：Definition and data "，Business and Society，2002，1（4）：371 – 393.

的行为以及未来前景的感知度，而产生的对企业的所有利益相关者的吸引力"（丰布兰，1996）。①

标准的声誉模型是由克雷普斯（Kreps，1982）等创建的，旨在解决"连锁店悖论"，并对有限重复博弈中的合作行为作出解释。"连锁店悖论"指出，完全信息条件下的有限次重复博弈不可能导致参与人的合作行为。没有合作，参与人也就没有积极性建立良好的声誉。克雷普斯和威尔逊（Kreps and Wilson，1982）指出，"在多阶段博弈中，参与人试图在早期获得一种声誉，要么是'坏人'，要么是'好人'，或者是其他类型，但是这种现象并没有被一些正式的有限博弈理论所分析"。②莫里森和威尔赫姆（Morrison and Wilhelm，2003）指出："合伙制是集体声誉的展示品"。③ 在他们看来，个人声誉属于人力资本，是一种不可交易、不可替代也不能编纂的资产。委托人通过合伙人过去经历的记录（声誉）来决定付出的费用。因此，声誉的丧失将是有相当成本的，并且会对合伙关系产生致命的影响。④

成熟企业家不能不考虑自己的声誉，有着优秀声誉的企业家在融资方面毫无疑问会获取更大的方便，在银行贷款、个人吸引融资方面会增加自己的分量。在由各种合约构成的企业中，声誉具有外部性的特征，当企业家创业成功之后，除了可以与投资人分享剩余之外，企业家还得到了投资人所得不到的东西即声誉。当然，如果说一个创业成功的案例可以给企业家带来正的外部性，那么失败也会给企业家带来负的外部性。

比较早的研究声誉问题的是法玛（Fama，1980），在《代理问题和企业理论》一文中，将人力资本的边际产品定位为：

$$z_t = z_{t-1} + (1-\theta)\varepsilon_{t-1}(0 \leq \theta \leq 1) \tag{4-17}$$

在这个模型中，后期的收入受到前期的收入的影响。通过对方程整理，可以得出：因为代理人通过现期的努力对产出产生影响，改进了市场

① Charles Formbrun. Value to be found in corporate reputations: the public's view of a company not only acts as a reservoir of goodwill, bust also boosts the botom line. Survey-Mastering Management, Financial Times: New York, Dec., 4, 2000. 转自黄亮华:《企业声誉与财务绩效关系研究》，浙江大学硕士论文，2005 年 5 月。

② David Kreps, Paul R. Milgrom, D. John Roberts, and Robert Wilson. Rational cooperation in the finitely repeated prisoner's dilemma. Journal of Economic Theory, 27: 245-252, 1982.

③ Alan, D. Morrison and William J. Wilhelm, Jr.. Partnership Firms, Reputation, and Human Capital, January 24, 2003.

④ 余津津:《现代西方声誉理论述评》，载于《当代财经》2003 年第 11 期，第 18~22 页。

对代理人经营管理能力的判断，尽管声誉效应不能保证代理人选择最优努力水平，但是至少能够让代理人尽可能地做到最好，以增加其长期收益。越是年轻的经理工作可能越卖劲，越是接近退休年龄，声誉效应也越小。[1]赫姆斯特（1999）进一步证明，法玛的结论在严格的假设条件下是正确的。这说明声誉对于企业家的模型来说，是一个不能不考虑的问题。[2]

（四）企业家所处的风险

在这里本章再重新谈论一下关于企业家所处的风险。

古典状态的企业家是承担风险的。奈特在他的书中曾经引用霍利的话："承担风险的利润，或者（由其他人或者经营者提供的）土地、资本和劳动力的要求得到满足后的剩余产品，并不是管理或者协调工作的报酬，而是经营者……将自己置于风险和责任之中的报酬……这笔净收入是事先不确定性的剩余，必定是利润；又由于在同一风险承担活动中不可能有两种事先不确定的剩余，利润就等于承担这一责任的报酬。"霍利的话实际上有了两重含义，一是承担风险的是企业家，二是由于责任的存在，企业家承担的是所有的风险。奈特认为霍利的话"更加接近于问题的本质，"说明奈特也基本认可这一观点。[3]

而熊彼特则不这么认为，企业家实际上并不承担资本的风险，承担物质资本风险的是投资人，而企业家只承担人力资本的风险，"风险显然总是落在生产手段所有人或为偿付手段而给予的货币资本的所有人头上，因此，绝对不会落在企业家这种人的头上"[4]。

由于主要探讨需要融资的企业家问题，因此不妨依照奈特的关于连体企业家的观点，认为物质资本的风险由企业家与资本共同承担，而人力资本的风险由企业家承担。这主要有以下一些理由：一是企业家的个人声誉只与企业家有关，而与投资人无关。二是资本是由双方共同出资，根据连体资本风险的特点，双方应该共同面对风险。

① 陈郁编：《所有权、控制权与激励——代理经济学文选》，上海人民出版社 2006 年版，第 87 ~ 99 页。

② Holmstrom, Bengt: "Managerial: Incentive Problems – A Dynamic Perspective", NBER Working Paper 6875, 1999.

③ 奈特：《利润、风险与不确定性》，王宇、王文玉译，中国人民大学出版社 2005 年版，第 29 ~ 30 页。

④ ［美］约瑟夫·熊彼特：《经济发展理论》，何畏等译，商务印书馆 1990 年版，第 83 ~ 84 页。

（五）最近国内的一些经济学家所做的企业家的效用函数

张维迎在《企业的企业家—契约理论》一书中，站在古典经济学的立场上给出了一组效用函数。他定义生产者的期望效用[①]为

$$EU_P = \int V(\omega_P + (1-\beta)(Y - \omega_M - \omega_P))\Phi(Y; a_M a_P)\mathrm{d}Y - C(a_P, b_P)$$

$$(4-18)$$

其中，β 是分享的份额，Y 是收入，M 表示投资人，P 表示企业家，ω 表示固定支付，C 表示成本。他通过比较，最终得出了一个最优委托权的问题——最难监督的人将获取委托权。

二、企业家效用函数中的重要变量

（一）分成

企业家将因为参与企业活动而获取分成，这种分成是企业家通过自己的判断力与自己的出资额应该享受到的收益。虽然严格的股份公司规定应该按照自己的出资额参与剩余的分配，但是应该在剩余的分配中充分考虑到企业家人力资本的产权。所以在模型中并没有严格按照出资额去参与分配，而是另假设了一个变量，与出资额进行比较。

（二）关于企业家的创新

企业家最重要的是创新，可以定义为创意，"创意"是指企业家的判断，它不同于熊彼特意义上的创新，也不同于杨其静所说的创意（其所指的创意比熊彼特意义上的还要宽泛），这里定义的创意是企业家对市场的一种独特的判断以及组织资源方面的独特判断，这两种判断使得企业家在同一种情况下能够帮助企业获取企业的利润。创意也不同于一般经营能力，一般的经营能力只能帮助企业家获取正常利润。

对于创新的真实与否投资人并不能判断，但是对于理性的企业家来说创意价值的真实性及未来可能创造的价值是清楚的，这里假定企业家可以自我评价这个创意的价值。

---

① 张维迎：《企业的企业家—契约理论》，上海人民出版社 1995 年版，第 65 页。

（三）声誉

声誉是企业家的成功另一个奖励，虽然法玛将其作为货币报酬进行考虑有很大的合理性，但是声誉报酬远远不是货币报酬所能比拟的，一个有着好声誉的人就像拥有一个银行，可以任何时候去取款，所获取的好处甚至惠及子孙后代。这里将声誉未来价值贴现作为一个收益进入模型。

（四）企业家的剩余控制权

剩余控制权是国内引用的比较多的一个词语，哈特（1995）指出："双方缔结的合同是不完全的，也就是说，合同中包含缺口和遗漏条款。具体来讲，合同可能会提及某些情况下各方的责任，而对另一些情况下的责任只作出粗略或模棱两可的规定"。① 所以合同往往难以面面俱到地说明剩余的分配，假如没有剩余如何分配的规定，合同要明确规定未来所有状态下所有各方的责任，这种合同才是完全的。其实与占有权、使用权和处置权相应的是控制权，与收益权相应的是索取权，无论是合同中已明晰的权益还是剩余权益，都是如此，这样就是说，剩余索取权和剩余控制权分属同一组产权束中的不同产权，只不过前面多了一个限定词"剩余"而已。为了效率的原因，控制权与索取权一般是合一的，至少在一定程度上如此。

三、企业家效用函数构建

据前面对企业家特性的分析，得出了一个较为简单的效用函数，定义企业家的收益为投资分成收益、声誉收益与控制权收益，采用线性函数的形式。

（1）分成：定义企业家函数当中企业家的分成为 a，企业家的创业活动所需要的资本总额为 K，定义预期创意成功的收益率为 R。企业家成功的概率为 s，企业家投资产生的期望收益函数为 $s \times a \times K \times R$。

根据上面所说的，这里的分成比例与出资额没有关系。

（2）声誉给企业家带来的收益为 M，只有成功的企业家才有正声誉。因此企业家声誉收益不参加分成，为 $M \times s$。

（3）设企业家的出资份额为 c，则出资额为 cK。

---

① 哈特：《企业、合同与财务结构》，费方域译，上海三联书店 2006 年版，第 26 页。

（4）设企业家的控制权份额也为 a，因为控制权与剩余索取权是等额的，才不会引起道德风险，控制权的总收益为 T。

（5）假定企业家投资失败后将一无所有，效用为 $U(-cK)$，资本具有高度的专用性，投资变成沉没成本。

得出企业家预期的效用函数[①]为：

$$U_1 = （实际收益 + 声誉收益） + 控制权收益 - 出资额$$
$$= sU(aKR + aT + M - cKR) + (1 - s) \times U(cK) \qquad (4 - 19)$$

第三节　完全合约下的企业家与投资人的谈判

一、完全合约

由科斯开创的企业理论发展到现在，如果将企业看成一个合约的组合，企业理论实际就成为"合约理论"，哈特指出企业内部所签订的合约是不完全的，不完全合约是权威存在的根本原因之一。

哈特还指出，完全合约是在最大可能的程度上明确规定未来的所有状态下各方的责任：在这个意义上合同是"完全的"。也就是将来各方都不需要再对合同进行修改或重新协商，所有发生的事情已经被预期到已经被纳入最初的合同之中。完全合同是给定任何一个在均衡路径中重新协商的合同，都存在一个无须重新协商的等价合同。[②]

为了研究融资分成的标准模型，假定企业能够预知事后的一切情况，可以签订一个标准合约（或者说一个市场里的完全合约），那么融资分成将会是什么样子呢？在完全合约情况下，可以这样认为，由于双方可以签订一个完美的合约，而且在交易的双方不存在所谓的交易费用，双方的谈判可以解决如分成的问题，因为已经清楚地预先知道事后双方各自贡献是什么，双方可以设计一个详细的合同：比如企业家如何工作、在什么时候产生的利润怎么衡量等。

---

①　这里只能采用预期效用函数，因为要考虑到现实中的不确定性，但是纯粹的不确定性不好设定函数，还是假定有一个概率 s，在 s 随机可变的情况下，其实也等效于不确定性。

②　［美］哈特：《企业、合同与财务结构》，费方域译，上海人民出版社 2006 年第 1 版，第 24~25 页。

可以这么设想，双方还可以设计一个分成份额，由于各自事后的情况是可以预先知道的，那么分成谈判可以达成最优化的分成份额，因为双方中的任何一方如果认为自己的贡献与份额不同，都会感觉不公平而退出合约，所以，完全合约的重要特点是对事后情况的预知性与双方贡献的可判断性。

二、双方的谈判

双方的谈判理论能够更加真实地反映双方的现实情况。在以往的很多模型中，经济学家喜欢用委托代理的方式来进行解决双方的问题，一般思路是给出企业家效用函数，然后给出约束函数（激励相容函数与参与函数），在这种情况下，通过研究企业家的最优化效用函数来解决最优分成问题。这种处理方法考虑到了企业家的效用，对于委托代理下（即企业是投资人的企业情况下）是可以的，但是对于现代企业家来融资的情况下，就变得不太合理，其重要的是忽视了投资人的要求，在企业家的企业理论中，是企业家在寻求投资人，同时投资人也在寻求有好的创意的企业家，而不是单方面的意愿。因此，必须考虑到投资人的效用函数，通过双方的谈判来解决问题，才能反映现实的情况。

三、纳什谈判

纳什（Nash，1950）提出的纳什谈判解，是一种以两个博弈者进行的谈判为例子，规范地论述谈判结果的新概念，纳什认为谈判的特征由以下两点决定：第一，谈判的结果可能带来什么样的分配情况；第二，如果谈判破裂后又会产生什么后果。他提出了四个公理，并认为如果同时满足条件，谈判解是唯一的。这四个公理是：

1. 个人合理性

谈判解保证所有的参加者都能获得不小于谈判破裂时候所得到的利益。关于这一点，考虑到谈判的当事者是理性的，若分配的利益小于谈判破裂时候自身利益就不会达成一致意见。

2. 对称性（匿名性）

如果各种可能实现的利益之集合是对称的（在平面坐标图上以45°线为对称中心），而且谈判破裂时候利益也好似对称的（谈判分得相等的利益），则谈判的解也是对称的。这个公理也被称为公平性要求。如果这种状况下解是不对称的，那么在博弈程式化之后，无论谁成为第一号谈判者，谈判结果都会不同，当事者就不能匿名。因此，这个公理也被称为匿名性公理。匿名性保证不会出现某一个人的意愿受到特别重视，也就是一人一票没有特权。在这里投资人与企业家的效用我们假定受到了同样的重视，而不是像委托代理理论那样只有企业家的效用受到了重视。

3. 关于一阶导数的不变性

如果当事者的效用函数进行一阶求导，则这个解与对原来的解进行求解之后得到的结果相同。这个公理意味着可以用预期效用函数来评价不确定性的结果，之所以这样说，是因为预期效用函数在一阶求导后仍然表现出与以前相同的偏好关系，我们知道，在某种公理体系下（这里的公理体系是特殊的），可以将考虑不确定性的个人偏好关系表现为预期效用函数，这就是预期效用定理，因此这个不变性公理也可以看成预期效用定理。

4. 无关性选择的独立性

从某种可能实现的利益矢量的集合中除去一部分矢量，原来集合的解如果被去掉一部分矢量后形成的新集合包含在内的话，则新的集合也可以实现同样的解。这意味着在求谈判解时候，不考虑在最终实现解以外还有什么可能实现的利益矢量。这样也可以被称为截的信息效率要求。纳什曾经指出，满足以上上述公理的解是唯一的，这就是下面的解：

$$\max_{\{(x_1, x_2)\} \in X, \, x \geq d} \left[(x_1 - d_1)(x_2 - d_2) \right]$$

这里 x_1，x_2 是博弈者 1 和博弈者 2 谈判所获得的利益，X 是可能实现的利益矢量集合，d_1，d_2 是谈判破裂后双方的利益，也就是威胁点，这就是纳什谈判解。[①]

纳什谈判反映的是没有时间与耐心情况下双方"一次性解决"分成问题的方法，它的解对于不考虑时间偏好问题有很好的解释，因此在完全合约的情况下有很重要的意义。

四、企业家与投资人的谈判解

前面解决了关于企业家的效用函数，这里继续运用效用函数式（4-19）

---

① ［日］青木昌彦、奥野正宽：《经济体制的比较制度分析》，魏加林等译，中国发展出版社 1999 年版，第 183 页。

中的假设，构建纳什谈判模型。

在企业家谈判成功时，将它转化为以下收益函数：

$$Y = s[aKR - cK + aT + M] + (1 - s)(-cK) \qquad (4-20)$$

企业家的保留收益表示为 aKR，因为企业家拥有创意，谈判失败，我们假定企业家可以通过缩小规模继续获得收益率 R。

投资人谈判成功的函数：

$$s[(1-a)KR - (1-c)KR + (1-a)T] + [-(1-s)(1-c)K] \qquad (4-21)$$

注意这里假定投资为高度专用性投资，因此双方投资若失败都将一无所有，投资将转化为沉没成本。

谈判失败投资人的收益为 $(1-c)Kr$（见图 4-2），因为投资人谈判失败只能按照市场一般利率获得"等待的报酬"，所以利率假定为 r，并且 $r < R$。

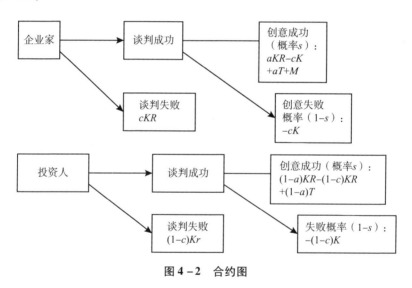

图 4-2　合约图

企业家与投资人的最优谈判解：

$$\max_{(u, u_2)_1 \in U, u \geq d} [(u_1 - d_1)(u_2 - d_2)] = \max[s(aKR - cK + aT + M) + (1-s)(-cK) - cKR]$$

$$\{s[(1-a)KR - (1-c)KR + (1-a)T] - (1-s)(1-c)K - (1-c)Kr\}$$

$$(4-22)$$

$$s.t. : s[aKR - cK + aT + M] + (1-s)(-ck) \geq cKR$$

$$s[(1-a)KR - (1-c)KR + (1-a)T] - (1-s)(1-c)K \geq (1-c)Kr$$

$$(4-23)$$

令 $\varepsilon = KR + T$，对 a 求偏导，得：

$$[s\varepsilon]\{s[(1-a)KR - (1-c)KR + (1-a)T] - (1-s)(1-c)K - (1-c)Kr\} +$$
$$[s(aKR - cK + aT + M) + (1-s)(-cK) - cKR][-s\varepsilon] = 0 \quad (4-24)$$

解得：
$$a = \frac{(1+s)cKR + s(T - K - M + cK) - Kr}{2(sKR - sT)} \quad (4-25)$$

以上就是双方的纳什谈判解。

第四节　不完全合约下的讨价还价

一、不完全合约的定义

企业所有权这一概念本身反映的是参与企业合约的各资产所有者间的相互关系。前面我们已经论述，在完全合约的情况下，所有权是一个与分配无关的概念。

其实在以前考察的标准委托—代理模型中，最优合同将在最大可能的程度上明确规定未来所有状态下所有各方的责任，在这个意义上，这种合同是完全的（comprehensive）。结果各方将来都不需再对合同进行修正或重新协商，因为如果各方对合同条款进行修改或增加，这种修改或增加就应已被预期到并已被纳入最初合同中。这样，由于完全合同规定了每个人在任何一种可能事件中的责任，任何法律纠纷不会出现。这里的前提是，如果双方都能观察到某种变量，那么在代理理论的假定下，这种变量可无代价地纳入合同中。所以标准的代理理论并没有考虑不完全合约的情况。

这样就需要考察，如果合同是不完全的呢？（1）合同是不完全的，不可能每种不确定性都有相应合同。在奈特复杂的不确定性的世界中，人们很难想得太远，且不可能对将发生的各种情况都作出计划。（2）即使能作出单个计划，缔约各方也很难就这些计划达成协议，因为他们很难对各种情况和行为作某种共同的描述。（3）即使各方可对将来进行计划和协商，他们也很难在出现纠纷的时候，与某外部法院进行明确具体的交流，因为该外部法院对签约各方的运作环境可能一无所知。依靠外部权力机关来进行判断的梦想就完全破灭。以上就是哈特意义上的不完全合约的主要问题，其实也预告了在不完全合约的情况下，单纯的"一次性解决"是不可能的，必然需要双方的讨价还价。是因为"在现实的任何正式或隐性组织中，权责的分配归根到底是相关当事人讨价还价的结果，是相对谈判实力对比的反映，企业权利关系也不例外。"①

二、讨价还价导致的合约谈判过程

由于项目推进中收益的不确定性，不完全合同必须随着时间的推移进行修正或重新协商，这种不断的协商会导致合约向以下几个方向发展：

1. 对控制权的初始争夺

这主要是因为：一是控制权可以帮助企业家或者投资人在人事上做出偏向于自己的安排，从而在事后的谈判中具有更大的优势。二是控制权与剩余的索取权紧密联系在一起，因为有的时候，不可能对资产收益流作出全面度量和证实，拥有控制权的一方可以作出对自己有利的衡量或者使现金流向自己有利的一方。因此，在企业家与投资人的谈判过程中，一开始双方就将进行控制权的争夺，这是可以预见到的。

2. 信息的不对称性影响到双方的讨价还价能力

一开始由于企业家拥有自己的私人信息，这种私人信息就是指企业家对于企业所特有的知识，而投资人刚进入企业，对于该企业可能并不熟悉，即便是有点熟悉，也远没有已经有着自己的创意和经验的企业家那样运筹帷幄，所以，在开始谈判的时候，企业家将显然处于有利的一方，在讨价还价中处于有利的地位，但是随着信息不对称性的消失（主要是因为投资人在长期合作中的学习效应），企业家的知识将不再具有优势地位，投资人将获取更多关于企业的知识，双方的讨价还价能力将发生转变。

3. 优势流失的延迟

由于企业家的创新能力，新的创意不断涌现，会不断地制造新的信息不对称性，因此，企业家的创新是企业家保持自己讨价还价能力的重要因素。

4. 对于退出权的安排

投资人更偏向于优先退出权的安排，因为存在事先的各种专用性投资。事先的专用性投资在双方的经济关系长期延续时，就可创造价值，若

---

① 杨瑞龙、杨其静：《"资本雇佣劳动"命题的反思》，载于《经济科学》2000年第6期，第91~100页。

双方的关系破裂,它就不会创造价值。各方可能都不愿意作出专用性投资,假如合同是完全的,长期合同能解决这一问题。然而由于不确定性与有限理性,签约各方都清楚任何长期合同都是不完全的,从而可能需要进行重新协商。即使协商过程中没有争论不休与不对称信息问题,交易收益的分配也将取决于双方事后的讨价还价能力,而不是取决于初始合同的规定。为了保险起见,投资人一般要求具有优先的退出权利。

三、谈判合约的分析

1. 时序

为了简化模型的分析,假定只有一个投资人与企业家的情况,企业家有一个创意,需要进行融资。图 4 - 3 所示是时序安排。

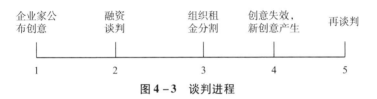

图 4 - 3 谈判进程

2. 讨价还价模型

考虑到信息和时间因素时,鲁宾斯坦(Rubinstein,1982)的轮流叫价谈判模型则更符合现实,能够用于这里的企业组织租金分配博弈的分析。鲁宾斯坦的模型是这样的,假定有两个人分一个蛋糕,参与人 1 先提出一个分配方案,参与人 2 选择接受或者拒绝,如果选择接受,则整个交易结束,如果选择拒绝,则参与人 2 提出一个新的分配方案,参与人 1 接受或者拒绝,如果接受,则按照方案 2 进行,如果拒绝,参与人 1 再提出分配方案,如此这样无限地重复下去,最终会得到一个无限重复的完美信息博弈。

用 a 表示参与人 1 的份额,$(1 - a)$ 表示参与人 2 的份额,其中,a_1 表示参与人 1 第一次出价的份额,$1 - a_1$ 表示参与人 1 出价时参与人 2 的份额,依次类推。假定双方的贴现因子为 g_1,g_2,这样如果博弈在 T 期结束,则参与人 1 的贴现值是:

$$\pi_1 = g_1^{t-1} a_1 \tag{4-26}$$

参与人 2 支付的贴现是:

$$\pi_2 = g_2^{t-1}(1 - a_2) \qquad (4-27)$$

鲁宾斯坦（1982）最后证明，在无限期轮流出价博弈中，唯一的子博弈精炼纳什均衡是：

$$a^* = \frac{1 - g_2}{1 - g_1 g_2} \qquad (4-28)$$

进一步分析这个利益分配格局：

（1）后动优势。

如果 $g_1 = g_2 = 0$，不论 T 是多少，结果都是 $a = 1$，就是说，如果两个人都是毫无耐心的，下阶段的任何支付都等于本阶段的 0，则第一个出价的将获取整个蛋糕，如果 $g_1 = 0$，$g_2 > 0$，则 $a = 1 - g_2$，参与人 2 拒绝了参与人 1 的方案，在 $T = 2$ 期得到整个蛋糕，但是贴现到 $T = 1$ 期的时候只值 g_2，这样参与人 2 将在 $T = 1$ 期接受任何 $1 - a_1 \geqslant g_2$ 的出价，假如双方都有无限的耐心，即 $g = 1$，则 $T = 1$，3，5，…时，$a = 1$，$T = 2$，4，6，…时，均衡结果是 $=0$，即谁最有耐心，谁将获得整个蛋糕，因为无论谁最后出价，都将拒绝不能得到整个蛋糕的出价，一直等到博弈最后得到整个蛋糕。事实上，即使 $0 < g_i < 1$，在这个模型中，均衡结果也是参与人贴现因子的函数，如果 g_2 固定，g_1 越接近 1，则 $a = 1$，参与人 1 也就越能得到整个蛋糕，同样道理，g_1 固定，若 g_2 越接近 1，则 $a = 0$，参与人 2 越能得到整个蛋糕。也就是说，谁越有耐心，谁就可以拖延时间以获取整个蛋糕。

（2）先动优势。

假如在这个关系中，$g_1 = g_2 = g$，则最后结果为 $a = \dfrac{1}{1+g}$，这里，由于假定 $g < 1$，则 $a > 1/2$，比较起来，就是说，双方耐心程度一样的情况下，如果参与人 1 先行动，则参与人 1 将获得较大的份额，这就是先动优势，但是如果时期任意长的话，则这种优势就会最终消失。

也就是说，贴现率是讨价还价的一种成本，随着拖延的时间越长谈判的权力越小，这种理念在投资的过程中经常被采用。[1]

四、谈判力的分析

前文已经在分析合约后果的时候已经分析了一些谈判力的问题，现在

---

[1]　张维迎：《博弈论与信息经济学》，上海三联书店 1996 年版，第 202～204 页。

将这一问题进一步规范化。

1. 现有的观点

黄桂田和李正全（2002）认为，在资源的配置过程中，要素的相对稀缺程度决定要素所有者在结成契约关系的谈判过程中所拥有的"谈判势力"，进而决定要素所有者在契约关系中的地位，权益分配和要素收入的份额。"在资源的配置过程中，面对经济发展的客观需要，拥有相对稀缺资源的经济主体，资源的相对稀缺程度越高，其具有的'谈判势力'就越强，而那些拥有相对丰裕资源的经济主体，资源的相对丰裕程度越高，其具有的'谈判势力'越弱。不仅如此，由于生产要素之间具有一定的替代性，那么，拥有不可替代或可替代性较弱资源的要素所有者，具有的'谈判势力'就强，而拥有可替代资源的要素所有者，可替代性越强，'谈判势力'越弱。"[①]

杨瑞龙（1997）明确指出了人力资本谈判力由其专有性决定，也意识到人力资本通用性对谈判力的作用，指出"那些具有通用性的专有性资源的所有者在组织租金的争夺中所拥有的谈判力要强得多，因为他们不必担心谈判或合作破裂给自己造成的损失。"[②]

作为影响谈判力的人力资本专用性具有经济学上的一般意义，而具体到企业家而言，则是企业家对所从事企业类型的一种企业家判断，或者说是"创意"。由于前面已经假设了研究对象是一个双头垄断，所以这里不考虑单方垄断的问题。

2. 谈判力的两个方面

根据前面的分析，影响谈判力的因素主要有两个变量：

一是信息对称性。在一个企业家与投资人谈判过程中，期初企业家显然比投资人占有更多的信息。但是随着投资人与企业家共事时间越长，企业家的信息优势逐渐消失。对应是投资人"信息优势"的"增长"。

二是创新涌现。创新可以提高企业家的谈判力并强化信息不对称，创新是企业家信息优势流失的防火墙。

3. 构建模型

企业家谈判力：

---

① 黄桂田、李正全：《企业与市场：相关关系及其性质——一个基于回归古典的解析框架》，载于《经济研究》2002年第1期，第75~76页。

② 杨瑞龙、周业安：《一个关于企业所有权安排的规范性分析框架及其理论含义》，载于《经济研究》1997年第1期，第16页。

$$BP_1 = -e^{it} - e^{At} \tag{4-29}$$

投资人的谈判力:

$$BP_2 = e^{it} - e^{At} \tag{4-30}$$

其中,假定信息的"流失"是连续的,创新的增长也是连续的,因为随着时间不断前进,企业家掌握的企业专门知识不断增多,创意也在实践中不断涌来。其中 i 是双方信息对称性的连续度量,投资人与企业家信息的对称度 $i<1$, t 是时间,A 是企业家创意。

当 $BP_1 = BP_2$ 时,企业家与投资人出现谈判力相等,企业家与投资人出现对称合约。

$$-e^{it} + e^{At} = e^{it} - e^{At} \tag{4-31}$$

$$2e^{it} = 2e^{At} \tag{4-32}$$

此时:$i = A$ 也就是说企业家的信息流失与创意出现动态均衡。

五、进一步的推论

1. 推论 1

企业家有故意隐瞒信息的激励,因为信息隐瞒可以增长谈判力。由 $BP_1 = -e^{it} + e^{At}$ 可以看出,i 越小,企业家越是掌握更大的谈判力,从而掌握更大的耐心因子,在分成中占有优势。

2. 推论 2

分成合约下企业家更偏向于创新,因为创新可以使得企业家获取更多激励。但是如果考虑到创新成本过大,企业家则会更偏向于选择隐瞒信息。

3. 推论 3

企业家具有先动优势,因为是企业家先创办企业,再向投资人进行融资。

六、谈判后果

通过以上的模型得出了谈判力,下面我们再将两者的谈判力代入式(4-28)的模型中,则得出企业家的份额。

$$a^* = \frac{1 - (e^{it} - e^{At})}{1 - (-e^{it} + e^{At})(e^{it} - e^{At})} \tag{4-33}$$

这就是双方最终谈判的结果。虽然在前面的论述中，可以看到双方有很多影响谈判的变量，但是事实上分配的结果是谈判力最终决定了一切。继续分析结果可以得出：

（1）这个结果是建立在双方根据自己谈判权利进行争夺的结果，不可避免各自一方可能会存在着利益损失。

（2）由于存在着谈判双方可能会利用自己的谈判优势进行垄断，降低投入；或者企业家为了维持自己的谈判优势会故意隐瞒创新信息从而不将自己的创意发挥到最大，因此分成结果存在效率损失。

小　　结

一、本章构建了企业家的效用函数

企业家创新是企业家分成的关键，创意的保护需要企业的控制权，在企业家的企业中，控制权是重要的。通过物质资本收益、声誉收益和控制权收益，本章构建了企业家的效用函数模型。

二、探讨了纳什谈判

企业家需要投资人的资本，投资人需要企业家的创意，双方的合作模型化为纳什谈判，谈判解是对利润进行分成。

三、不完全信息解

企业家掌握着创新的信息，但是在一个"善于学习"的投资人那里，信息会逐渐被投资人掌握，为了获得更多的谈判力，企业家有激励继续创新，但是也有可能隐瞒信息，本章模型化了创意信息流失与分成的关系。

第五章　控制权视角的融资合约

第一节　融资的本质

一、创新企业家与控制权

现在的理论中，一般将企业分为企业家的企业与投资人的企业，对于投资人的企业中最重要的是代理成本问题，因为投资人的企业中经理并不持有股份。在理论建设方面，怎么样去通过激励与监督减少经理的代理成本是当前学者最关心的问题。

在企业家的企业里，由于企业家本身就将企业作为自己的事业，企业家拥有自己的企业是他的梦想，因此在理论研究的对象中，企业家的企业并没有突出的代理成本问题，对于资本约束的企业家来说，最关心的是控制权问题，即怎么样顺利地进行创新活动，怎么样共同成立生产团队的问题，共同承担不确定性所带来的问题。其中控制权是企业家要解决的最重要的合约问题。

二、受资本约束的企业家

人人都想成为企业家，但并不是人人都是企业家，关于什么人将成为企业家，企业家应该具备什么资格的问题，是企业家理论争论的焦点。企业家融资理论也从这个讨论开始。

（一）古典世界企业家的前提——资本

在古典理论中，无论是亚当·斯密还是马歇尔，无不承认只有投资人才能成为企业家。马歇尔还进一步探讨了关于工人与企业家的区别，他曾经指出，工人沦为被雇佣地位，并不仅仅是因为缺资本，而主要是因为缺乏企业家能力。他认为，"工人因缺乏资本所受到的妨碍没有初看起来那么大"，……因为信用媒介的发达产生了许多获得资本的机会，"以致对于一度克服获得善于运用资本之声誉的最初困难的人而言，创办企业所需的资本额之适度增长，并不是很大的障碍"。工人成为企业家的真正困难在于应对日益复杂的企业经营知识的缺乏，以及"在于使他周围的许多人，相信他具有这些难能可贵的品质"。① 马歇尔还强调了工人处于被雇佣地位的原因是他们没有企业家才能。而隐含的推论是，与工人被雇佣地位对应的不仅是雇佣者企业家才能，而且还要有资本，首先是投资人才能成为企业家。当然他也指出企业家才能的重要性，企业家才能可以使一个人从被雇佣地位转变为雇佣地位，并指出教育可以增加工人成为企业家的机会。卡森也强调这个观点，他的理由是没有资本的人没有机会接近资本，因而也就不可能成为企业家。②

奈特（1921）认为：如果一个资本所有者亲自从事经营活动，那他就是一名企业家；如果这个资本所有者挑选另外一个代理人去经营企业，那他就是一名证券持有人，代理人则是一名管理者，他们共同成为连体企业家（joint-entrepreneurs）。

从奈特的观点中，可以明确三个问题：第一，资本所有者自己经营企业，他是一名企业家；第二，资本所有者自己不经营企业，他不是一名企业家；第三，不是资本所有者而代理资本所有者经营企业的人都是经理人。

卡森（1982）认为，一个企业家如果使他的判断得到支持，就必须拥有个人财富。他把有企业家才能却不能拥有资本的人称为"不合格"的企业家。卡森认为在市场经济中，对自己的判断力缺乏信心的人，可将决策权委托给企业家。个人将自己的财富委托给一位企业家管理，该企业便根据企业家的判断配置这一财富。

魏杰和汪异明（1997）等认为，在两权分离的现代公司制度下，企业家是指一类具有一系列特有的素质和能力，专门从事企业判断性决策和管理的复杂劳动并据此领取报酬的人。一般来讲，在现代企业制度下，他们是经营者，而不是资本所有者，他们是具有一系列特有素质和能力的经营

---

① ［英］马歇尔：《经济学原理》，朱志泰译，商务印书馆1964年版，第309页。

② 转自王明夫：《企业家雇佣资本——现代公司治理的"企业家主权"模式论》，载于《中国企业家》2003年第9期，第1～16页。

者，不是一般的经营者。国内学者的观点与以上各种观点有着许多相似的地方。何丁萌（1993）认为，所谓企业家，简言之就是"经营管理企业的行家"，企业家是一特定的经营者群体，是一种需要天赋和才能的、具有高度创造力的专门职业。企业家不是某个单个的自然人，也不是一般意义上的厂长、经理，更不是一般的管理人员。传统的厂长、经理与职业企业家是有区别的。企业家是经营者，但经营者并不一定就是企业家。作为企业家必须具有一系列特有的素质和能力，他必须具有令人信服的判断力，并会在追求最大利润的过程中运用这种判断力，这样才会使出资者选择他。或者说厂长、经理是职员，而企业家则是人的素质的标志，厂长、经理与企业家不是一个等同的概念①。

张维迎维护了古典经济学的传统，他的代表作《企业的企业家—契约理论》一书中，将人分为四种，一个有高能力的又有钱的人将成为企业家，一个低能力但是有资本的人将成为投资人，一个有能力但是没有钱的成为经理，而一个低能力与低收入的人成为工人。这个几乎完美的模型得到了很多人的承认，张维迎还认为，同样具有能力，在竞争成为企业家的过程中，具备更高的经营能力的资本所有者将会成为赢家。因为他们易于观测的股本可以作为信号手段标示出有关经营能力的信息，而这种安排可以节约交易成本，一个资本所有者，当他会成为企业家时，会更加诚实、可信、尽职和勤奋。相对而言，一个一无所有的人却更加有积极性谎报自己的才能并从事过度投资。这里的原因是，在个人消费不可能为负的约束条件下，一个人当企业家机会成本与个人财产是正相关的。并且根据这些，张维迎将替投资人管理企业的，有企业家才能而没有资本的人定为管理者，但是他又不得不承认在自己的企业模型中，管理者具有企业家的性质，因此将管理者与企业家并称为连体企业家，而管理者被称为意愿的企业家。这样，大批如张瑞敏之类国有企业的企业家都不是企业家，而只是一个意愿企业家，因此，有人指出，国内没有企业家，只有意愿企业家。

表 5-1 所示的是张维迎（1995）给出的分类。

---

① 周德文：《时代呼唤职业企业家队伍》，载于《中国企业家》1991 年第 7 期，第 55 ~ 57 页。

表 5-1	企业家与投资人、经理、工人的分类	
项目	高资本	低资本
高能力	企业家	经理
低能力	投资人	工人

（二）企业家与抵押品

1. 企业是一个资产具有专用性的组织

企业是一个资产具有高度专用性的组织，在这个组织里如果任何人的退出成本很低，都会导致诚实守信丧失的机会加大，哈特和穆尔（1998）也曾经阐述过相似的观点，他们指出企业家的退出将导致企业资产的价值降低，甚至到清算价值。就是说一个可能性是企业家有可能在自己创业前途不明朗的时候退出企业，从而使得投资人的投资变成沉没成本而遭受严重的损失。另外，杨其静（2002）还指出两种可能性，一方面是成功企业家有动力会转入另一个企业，将原来的人力资本物化为新的企业，从而使得原来企业价值降低。另一方面就是企业家会利用自己的控制权将人事关系变得具有企业家自己专用的特点，让企业在相当程度上控制在企业家手里，这样企业家会利用控制权优势敲诈投资人。出于被套牢的考虑，在高度专用性的组织里没有任何抵押的人是不可靠的。

2. 资本是一定历史条件下的有效抵押物

一个人成为企业家必须有一种抵押，这个专用性的抵押可以控制在投资人手里，也可以投入企业成为公共财产。

事实上，抵押物在以前的并不都是资本，比如土地、奴隶甚至自己的亲人，在人类历史上都曾经作为抵押，只不过在资本成为主导地位的时候，才涌现了它的强权性，成为企业家签约的可靠抵押品。

因此可以设想，在信用发达的社会或者某些特殊时期，作为资本的替代物，企业家的声誉也可以作为一种抵押品。在一个声誉对企业家非常重要的社会里，声誉的抵押性质不亚于资本。在信用发达的经理市场上，贫穷的企业家仍然可以获取人们的信任，比如我国改革初期很多企业家向别人融资时全凭自己的信誉，就是一个鲜明的例子。事实上并不是所有的经济学家都相信只有拥有资本才能成为企业家，熊彼特（1912）认为资本无非是一种杠杆，凭借着它，企业家可以使他所需要的具体商品受他的控制，他认为承担物质风险的是投资人，而企业家只需要承担人力资本的风险。① 因此，一个人只要有了企业家才能，并且在从事自己物化人力资本的活动，就已经是企业家。当然不能完全承认熊彼特的观点，因为按照套牢存在的逻辑，并不是强调企业家拥有了资本就会成为企业家，而是企业家没有资本就不会成为企业家，熊彼特并没有看到由于资产专用性而导致的企业家必须有抵押物的真正原因，因此陷入了一种过度主观臆想。

企业是一系列专用性资产的联合，人们付出专用性资产的同时，应该得到以后兑现的保证后才会签约，企业家要成为中心签约人，在人们只相信资本的制度环境下，拥有资本是企业家的条件。而在人力资本不能直接定价，同时自己的财富又受到约束的情况下，企业家必须进行融资。

三、企业家融资谈判中的主要筹码

（一）企业家之所以成为企业家，就是因为他具有企业家人力资本的特异性

从现代经济学的理论看，投资人是缺乏企业家才能的人，投资人的主要职能是承担物质财富的风险与承担对企业家的监督，其中监督是投资人与企业家分离的产物。投资人关注的是自己物质财富的增长。

企业家是同时拥有资本和企业家才能的人，他之所以是企业家，就是因为他具有了企业家的才能，这使他不同于一个单纯有资本的投资人，因为他对企业来说具有一种专门的知识，这个知识可以使得他获取中心签约人的地位，而投资人则没有，因此对于投资人来说，他只能选择与企业家进行签约，才能进入企业。

（二）企业家人力资本特异性是企业家谈判的筹码

企业家所具有的特殊才能使得他不可能完全以自己的出资份额与投资人进行谈判，而必须利用自己对于企业的特殊能力——专用性的企业家才能为筹码，与投资人进行分成份额与控制权的谈判。

企业家与投资人的区别就是他拥有企业家才能，因此，必须考虑到这

---

① ［美］约瑟夫·熊彼特：《经济发展理论——对于利润、资本、信贷、利息和经济周期的考察》（第 2 版），商务印书馆 1991 年版，第 131～137 页。

个才能进行谈判。尽管融资谈判是企业家不得不为之的事情（他必须痛苦地让渡自己的控制权），但是即使这样，也不能不考虑到企业家的特殊才能。

四、企业家融资理论与企业家理论

（一）企业家理论给出了企业家融资理论的两个基石

前面通过分析可以看出，企业家的理论给出了融资理论最关心的两个问题：一个是如果资本约束的企业家要想成为中心签约人，就必须先与投资人进行签约，而投资人进行签约，则必须考虑组织租金的分配问题，那么组织租金是怎么创造的？为什么企业家必须与投资人进行组织租金的分配呢？是因为组织租金的产生，本身应该是企业家与投资人合力的结果，所以不可能由某一方进行占有。实行剩余分享制度在理论的推导中是合理的。另一个是企业家与投资人的融资谈判，谈判权的根源必须考虑到企业家人力资本的特异性，因为人力资本的特异性是组织租金的重要来源，没有这种企业家的才能，不可能有企业资源的特异性，也不可能产生企业的组织租金。

（二）企业家的融资理论必须建立在企业家理论的基础上

一般的融资理论往往限于财务结构或者对于企业代理成本的考虑（关于这方面在后文有详细的论述），而企业家的融资理论则完全不同，企业家建立的是自己的企业，这从企业家的特异性可以清楚地看出，他首先是一个有事业心的人，因此，对于代理成本的考虑并不是主要的，所以，用一般的理论框架来分析企业家的融资状况是不合适的，我们必须以企业家理论为基础，找出企业家理论的内核，来分析企业家的融资理论。

对于企业家来说，建立自己的王国是他始终不渝的梦想，而融资则是他建立自己王国重要的一环，融资合理与否，融资的谈判成功与否，都直接关联着企业家的命运。因此，作为企业家的融资理论，也是企业家理论中最重要的组成部分。

第二节　融资方式对企业家的逆选择

一、企业家融资的主要来源

融资是指企业家为了生存和发展的需要，筹集资金和运用资金的活动。融资的研究对象是企业的融资行为。具体行为包括在一定的融资风险下，如何取得资金，同时使融资成本最小、企业的价值最大化。不同的融资行为产生企业不同的财务结果，融资行为是否合理可以通过企业的财务结构反映出来。

传统企业融资的途径可分为内源融资和外源融资。内源融资是利用企业留存收益进行融资的方式，特点是不受外界的约束，没有破产的风险，但是相对保守。外源融资是指企业用贷款、企业间的商业信用发行股票、债券和票据等获取的资金形式。

一般来说，相对于外源融资，内源融资可以减少信息不对称问题以及与此相关的激励问题，节约企业的交易费用，降低融资成本，也可以增强企业的剩余控制权。外源融资可以获得更多的资金来源，但是控制权受到威胁。

二、融资的筛选机制

无论是哪一种融资，都会对企业家产生约束，尽管承认在企业家的企业里，代理成本不是主要问题，但是毕竟企业家不是企业的全额出资者，因此，代理问题依然是存在的，融资的事后责任追究机制可以约束着企业家的行为。

当然也要看到，毕竟企业家融资与经理不同，突出地表现为企业家融资是自由的、自我选择的行为，企业家考虑更多的是自己的控制权问题，而不是如何将出资者的金钱挥霍掉。企业家在融资的时候会充分考虑自己利益的得失，融资方式其实也在筛选企业家。

从企业家角度上讲，债务融资存在着两个明显的缺陷：一是可能会带来债权人的道德风险行为，由于债权人对企业家的创意并不能够充分理解，所以在项目没有成功，或者出现暂时挫折时，债权人会要求企业家提前还贷。二是对创业时期企业家的选择而言，银行信贷制度可能是一个比较保守的制度。银行经营的第一准则是安全性，并兼顾效益性。因为贷款的资金是有成本的，是从银行借来的，所以银行也是面临着硬约束，贷款的风险是银行考虑的首要因素，银行会最优先考虑信贷风险。在信息不对称条件的制约下，银行为了规避风险，会采取以下行为：（1）银行希望贷款给资金雄厚的企业家，有创业精神但没有财富的潜在企业家会被排斥在贷款名单之外；（2）大多数银行更青睐大企业，创业的小企业难以获得贷款；（3）银行大多根据配额信贷而不考虑企业的需求；（4）利率的调节会导致好企业家被淘汰，投机冒险者获得贷款。实际上的利率"逆淘汰"机制使得资金市场仍无法起到发现和扶持创业型企业家的作用。

权益融资是股价、接管和控制权转移三种机制来筛选企业家。股价是发挥间接定价的作用，通过股票高低给企业家才能定价。但是筛选机制也有问题，比如企业家对于公司经营状况拥有信息优势，同时面对利益相关者企业家又有责任让企业价值最大，所以企业家会有更多的隐瞒企业真实情况的内在激励。

接管机制是当企业家经营不善导致投资者期望的利益受损时，由一个或数个股本出资者联合起来，通过收购股票或投票表决权以取得对公司的控制权或事实上的控制权，罢免现任企业家，罢免等于贬值了企业家的声誉价值，使其在市场中失去融资的资本，因此可以约束企业家的道德风险和机会主义行为，保证其为利益相关者的利益尽心尽力。

控制权争夺机制是股东与企业家通过董事会等机构争夺控制权来相互驱逐的一种方式。发起控制权之争的股东往往曾经都是公司的大股东或者其他权利掌握者，因不满现任管理者的公司政策而转为公司控制权的挑战者。

总之，股权融资制度，可以通过多种机制来筛选企业家。但是我们要指出的是，由于投资者通过资本市场采用各种手段来监控企业家，使企业家面临极大的外部压力，必须时刻迎合股东的利益要求，从而缺乏追求企业价值长期最大化的长期激励，这就不可避免地会影响到企业的长远发展。尤其在接管中，双方在接管和反接管的过程中必然动用大量的经济资源相互对抗，并且一旦接管成功，目标公司将面临重组，引起失业增加，并破坏了公司长期以来营造的人力资本、研究开发和营销网络，从而不利于公司今后的发展。[1]

三、融资对企业家的筛选模型

1. 债务融资

假设融资前的 U_1，企业家判断自己的企业家才能为 A，融入资本前自有资本为 aK。

利润率为 R，我们采用柯布—道格拉斯生产函数形式，规定利润为 $A \times aK - aK$。

$$U_1 = U(A \times aK - aK) \tag{5-1}$$

融资后企业家的效用为 U_2，融入资本后资本为 K，投资人提供资金为 $(1-a)K$。

假定债务融资的利率为 r，则企业家效用具体化为：

$$U[A \times K - (1-a)Kr - aK] \tag{5-2}$$

企业家选择融资的条件是：

$$U_1 \leqslant U_2 \tag{5-3}$$

由于企业家的效用函数形式在融资前后形式上是一样的，所以两者可以直接进行比较，假定企业家是风险规避的，企业家效用函数是严格递增的。

$$U_1 = U(aK \times A - aK) \leqslant U_2 = U[A \times K - (1-a)Kr - aK] \tag{5-4}$$

式（5-4）是因为企业家是风险规避的，所以当

$$A \times aK - aK \leqslant A \times K - (1-a)Kr - aK \tag{5-5}$$

也就是当企业家判断自己的企业家才能为 $A \geqslant r$ 的时候，企业家决定融资。

2. 股份融资

股份融资企业家将充分考虑自己的控制权问题，因为股份融资下企业家将不得不与投资人分享控制权。如果分成是固定的，将对企业家产生筛选效应。

再考察企业家的效用函数，规定 T 为控制权，M 为声誉收入，设企业家投资份额为 a。

① 参见连建辉：《融资制度与企业家筛选机制》，载于《改革》2002 年第 3 期，第 18～22 页。

融资前企业家是独享控制权。假定企业家按照投资份额参与分成。则投资失败时企业家的效用为 $U(-aK)$。

假定融资前利润率为 r，融资后利润率为 R，因为企业家融资的目的是获取更多的资金，来得到更高利润。

得到一个关于新收益的效用函数：

$$U_1 = sU(aKr + T + M) + (1-s)U(-aK) \qquad (5-6)$$

融资后企业家与投资人分享控制权，假定企业家剩余控制权与索取权一样。规定为 a：

$$U_2 = sU[aKR + aT + M] + (1-s)U(-aK) \qquad (5-7)$$

期望效用 $U_1 \leqslant U_2$。

$$(1-a)T \leqslant aK(R-r) \qquad (5-8)$$

$(1-a)T$ 为企业家失去的控制权，所以：只有当企业家感觉自己失去的控制权能至少换回 $aK(R-r)$ 的收益的时候，企业家才进行权益融资。

第三节　企业家融资特性

一、融资中企业家控制的核心

企业家谈判的中心是企业家的控制权，一般贫穷的企业家通过融资建立自己的王国，部分风险融资的企业家为了获取中心签约人的地位，将让渡企业的部分控制权，当然这是企业家所不情愿的。

在控制权的争夺中，企业家获取自己的最优融资结构，但是接受监督较小，关于这个的讨论见杨其静（2005）的理论。他指出即便是融资企业家仍然需要财富。这个财富的目的是获取投资人的信任，只有取得了投资人的信任之后，并在与投资人的谈判中获取了成功，企业家才能顺利进行融资，获取与其他资源拥有者签约的权利。

可以用图 5-1 说明问题。图中 S_1 代表企业家的较高水平控制权的效用，S_2 代表较低水平控制权的效用。L_1 代表较高的融资水平，L_2 代表较低的融资水平，当企业家选择 L_1 时候，企业家的目标是满足自己较高的控制权水平 S_1，但是如果他发现自己只能满足 S_2 时候，企业家宁愿牺牲自己的投资规模，选择较低的融资水平 L_2。

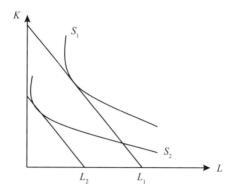

图 5 - 1 企业家融资与效用的关系

二、企业家融资的偏好序

已有理论指出作为企业家更喜欢按照"鸟啄次序"进行融资，也就是企业家总是选择最安全的方式融资，在企业家的模型中，企业家最先使用的应该是自有资金，并不喜欢外来资金。这主要是因为：

1. 自有资金更有助于企业家拥有自己的企业控制权

拥有控制权是企业家创业的核心梦想之一。前面已经根据熊彼特的理论讲过，企业家是一个以创立企业为自己事业的人，不是一个仅仅满足于给人打工的劳动者，用自己的资金来实现梦想是其首选。

不懂运作企业却拥有控制权的投资人对于企业的发展也是一种障碍，事实证明自有资金创业的人更有利于控制企业，也有利于企业的健康成长。网易的丁磊与新浪的王志东就是两个极端的例子。

丁磊1997年5月至今创办网易公司，2000年1月15日揭晓的CTC中国十大杰出网络人物中，网易首席执行官丁磊名列榜首。当网易在美国上市时候，他个人拥有企业58.5%的股份。他凭借自己在编写软件方面的天赋，大学毕业的第一年就为自己赚回了100万元。而后率先进军因特网，自己创办网易公司，用丁磊自己的话解释，"仅仅是因为爱好，为别人打工不能做自己想做的事情。"当其与前CEO黎景辉发生意见分歧的时候，王志东被辞退了。①

---

① 杨其静：《企业家的企业理论》，中国人民大学出版社2005年版，第123页；以及根据http://www.top188.com/archive/mingren/mingrendangan.php?num=1689相关内容整理所得。

2. 权益资本可以帮助企业家与投资人共同承担风险，而且很多投资人更偏向于权益资本

因此企业家在债务与权益资本之间的选择，更多的也是公司政治的一种产物。这主要是因为企业经营的前景具有很大的不确定性，在债务融资与权益资本的抉择中，一方面，企业家需要投资人与其共同承担风险，以避免还债导致的财务危机。另一方面，投资人也愿意选择权益资本来分享利润，权益资本赋予了投资人更多的控制权，这也是企业家筹集资金的政治妥协。

三、企业家与代理成本

前文已经论述，以前很多公司金融方面的专家都过多地关注代理成本，那是公司代理人与投资人之间的问题；对于企业家来说，虽然存在着代理成本（毕竟企业家代理了投资人的风险投资），但是在职消费并不是他的主要追求，只是生存的手段，因为在重视个人身份的社会环境中，没有在职消费是不能想象的。但是企业家毕竟是以企业生存作为自己的事业，他会"自为"的节俭费用，毕竟投资中也有他的一部分。一个追求事业的企业家与投资人在利益上是一致的。

四、企业家与投资人争夺的焦点

控制权分配取决于双方的谈判力，并直接影响到双方最终如何分配"组织租金"。虽然国内很多理论将权利分成剩余索取权与剩余控制权，但控制权是主要的，剩余索取权是依附控制权的，很多现实中的例子证明了这一点，在这里不再列举。

控制权是投资人与企业家争夺的焦点，因此企业家的融资模型主要有两个问题：

一是企业家是否单凭物质资本股份来分享份额。杨其静（2005）强调企业家募集资金主要是通过企业家的效用函数最优化来的，这里不得不指出，其实一项创意的实施需要一定的最低资金，当然企业家可以根据自有资金的份额来调整企业的规模，而且既然企业家发起这个活动（组织企业），则必须有了一定的自有资金来保障自己一定的控制权份额，但是还不得不指出，企业家在一股一票的情况下，是不能自由地最优化自己创意

的，他有时候不得不缩小规模来保护自己的控制权。

二是企业家部分以自己创意来参与分成，分成份额的获取就可以不受资本的约束，企业家的最优化才有真正的意义。

五、人力资本与剩余分配

（一）企业首先是一个追求剩余的生产性组织

企业首先是一个生产性的经济组织，其根本性质是利用各要素进行生产，生产活动一般包括生产要素的投入、产品的生产过程和产品的销售过程等。企业虽然为了节约交易费用而替代市场的交易，但归根到底是为了追求剩余。

（二）组织租金是物质资本与人力资本结合的产物

合作生产产生合作生产力（组织租金）的原因是人力资本与非人力资本的结合，合作生产是一种阿尔钦和德姆塞茨所称的"团队生产"，它的生产力大于每个队员单独从事生产的生产力总和。从主体角度来看，合作生产力来源于各种人力资本的组合。其中人力资本包括企业家人力资本、技术型人力资本和生产者人力资本，这些不同性质和功能的人力资本的结合，是企业家的创新和承担风险等能力、技术人员的技术创新能力和生产者的操作能力等的结合，最终产生出企业的生产力。在分散生产的情况下，各种人力资本是很难结合在一起的，当然无法产生这种合作生产力。从客体角度来说，合作生产力又来源于专业化知识和技术的合作。企业所利用的知识和技术的显著特点是专业化，它们之间具有很强的互补性，知识和技术的互补性产生了合作生产力。

只有掌握了知识和技术的人力资本才能将知识凝结到"资本品"中而产生合作生产的收益递增，这在一定程度上也说明了人力资本是企业收益递增的决定性因素。

（三）人力资本应该获取回报

人力资本既是企业的生产要素和生产剩余的来源之一，同时人力资本在交易过程中出让了部分产权，由此它应获得相应的产权回报。

企业家创意是企业剩余的重要来源，产生创意的企业家人力资本具有产权性质。因此，从企业性质的角度看，人力资本应该参与企业产权安排和治理。企业效率来自生产效率和制度效率，良好的资本结构和最优的制度结构决定了企业的生产效率和制度效率。

从以上意义来讲，企业家应该用自己的创意参与剩余的分配，而不是简单地按照简单物质资本的一股一票规则来进行分配，只有这样，企业家在融资的时候才能将物质资本融资与企业控制权分割开，不受项目资金约束去争取控制权，实现自己的创意。

案例1　股份制公司发展历史上的人力资本参与——西方 commenda 份额资本的原形

中世纪末股份制公司最初出现于海上商业并迅速发达起来的地中海沿岸，特别是意大利的一些城市。从 commenda 的词义来看，含有"委托"commendare 的意思，它是指某些"贷款者"将资本委托给资力不足的贫穷商人，以使得他们可以经营一些"候鸟式"的海商企业，贷款者被称为"commendator"，或者因其停留在故乡而被称为"socius stans"等，而借钱的商人则被称为"tractor""commendatarius"。关于委托的内容，即"资本的形式"，最初采用实物形式的也很多，其后逐渐演变成货币形式，货币的委托成为普遍性的。在分配经营海上企业而获得的利润和有所损失时候，其分担的比例通常是贷款者3/4，借款人1/4，而在有所损失的时候，借款人必须承担无限的责任，但是，贷款人不能要求借款人归还他的委托出资，也就是说，贷款人承担了出资份额的有限责任，更重要的是，在两个当事人之间，贷款人一直占有指导地位，即，受到委托的资本一般不被借款人的企业吸收，贷款人或多或少的是以那一海商交易的业主的资格出现。借款人则是处于家庭业主对批发商那样的地位。

其实在西方还出现了进一步由企业外融资向一体化转变的形式，那就是借款者也向海商企业出资，形成一种共同出资。

一般出资金的比例如下：借款人出资1/3，贷款人出资2/3，利润平分，这里我们可以看出，在利润方面，开始不是由出资金说了算，也考虑到了借款人的人力资本方面。这里责任的划分是，借款人无限责任，而贷款人是有限责任，借款人凭借自己的企业家才能抵御了风险，因此应该获取更多的报酬。[①]

----

① ［日］大冢久雄：《股份公司发展史论》，胡企林译，中国人民大学出版社2002年第1版，第93页。

第四节　企业家的融资模型

一、融资中的双向选择

前文已经论述，在融资的过程中，风险规避的投资人与企业家都更愿意采用权益资本的形式，因为可以最终进行分成。对于企业家来说，引入企业资金的代价是必须让渡企业的部分控制权与剩余索取权。

一般来说，对于优秀的企业家来说，让渡控制权是不得已的事情，他们其实更愿意让渡剩余索取权来代替控制权。而一般的企业家则更加关注企业的剩余索取权问题，因为一旦资本进入，他们就有被接管的可能性，因此，要求更大的剩余索取权是更现实的问题。但是投资人一般更愿意去选择优秀的企业家，因为优秀的企业家判断力更强，从而创业成功的可能性更大。

在资本强权的社会（即资本是稀缺的），由投资人开出控制权与资本所有权的份额，则企业家存在着逆向选择问题，所有要求更大份额的企业家都被淘汰，留下一般的企业家。

而在人力资本强权的社会里，如果是企业家开出份额，则投资人面临逆向选择，所有感觉承担风险与分享份额不相称的投资人将离开。在这两种社会里都存在逆向选择，传统的委托代理理论是采用牺牲一方的利益而使得对方达到满意的方法，这种做法是不公平的，也不会在企业家的企业里发生。

二、杨其静的模型

杨其静（2005）在《企业家的企业》一书中曾经作出一个关于企业家融资的模型，假设控制权是企业家最关注的对象，在他的模型里，由于企业家在控制权方面的追求，通过对控制权的最优化，最终得出了一个关于最优融资的模型。

虽然企业的控制权是企业家最关心的事情，但是，如果控制权与收益并不相关，则应该完全是建立在讨价还价的基础上，因为企业家还要考虑项目的规模问题。当项目的规模一定，企业家的资本又受到约束的时候，企业家是不能单纯考虑控制权问题的，而是应该采用讨价还价的方式。

三、基于讨价还价的模型

采用讨价还价的方法来解决这一问题。这里依然使用前面的假设，在效用函数的基础上，确定企业家确定性等价的收益，通过这个方法去掉风险因素 s。

参照张文（2004）的做法：

$$确定性等价 = E(X) - \frac{1}{2}\beta^* \mathrm{var}(x) \qquad (5-9)$$

即确定性等价是期望收入减去风险溢价。其中 $E(X)$ 为期望收入，β 为风险规避系数，var 为方差。[①]

这样，企业家的收益为 $Y = aKR - cK - \frac{1}{2}a^2\beta\sigma^2 + aT + M$ （5-10）

β 为风险规避系数，σ 为方差，R 为收益率，一般 $R \geq 1$，保证投资的利润为正。

推导： $$Y = (aR - c)K - \frac{1}{2}a^2\beta\sigma^2 + aT + M \qquad (5-11)$$

考虑到企业家在尊重他的人力资本的时候会追求自己企业的最佳规模，那么只有当 $aR - c \geq 0$，K 才产生正组织租金。这时：

$$c \leq aR \qquad (5-12)$$

求得企业家的融资份额：

$$1 - c \geq 1 - aR \qquad (5-13)$$

代入前面的讨价还价的分成份额：

$$1 - c \geq 1 - R * \frac{1 - (e^{it} - e^{At})}{1 - (-e^{it} + e^{At})(e^{it} - e^{At})} \qquad (5-14)$$

$$1 - c \geq 1 - R * \frac{1 - e^{it} + e^{At}}{1 + (e^{it} - e^{At})^2} \qquad (5-15)$$

得出企业家的融资规模。考虑企业家人力资本的情况下企业家会追求最优投资规模实现企业价值最大化。因为在满足 $c \leq aR$（注意 $R \geq 1$）的条件下（也就是考虑企业家的人力资本），企业家的收益与资本 K 成正比，企业家会根据自己的创意大胆融资。

---

① 张文：《中国商业银行治理机制问题博弈分析》，上海财经大学博士论文，2004年，第 85~86 页。

如果企业家与投资人的合约中按照资本来分配收益，则 $a = c$，仍然令企业家的控制权份额为 a，得出以下企业家收益：

$$aKR - aK - \frac{1}{2}a^2\beta\sigma^2 + aT + M \qquad (5-16)$$

前文讲过，一个优秀的企业家的目的并不是收益最大，而是控制权最大，在追求控制权的前提下，企业家将不再考虑谈企业融资的规模，而是被迫放弃企业的规模以保证自己的控制权，这种情况在经济学意义上是无效率的，限制的资源由于控制权问题没有得到充分利用，但是在资本强权的世界里，过分强调资本拥有者的权利就可能发生这种情况。进一步模型化，企业家以份额最大为最优：

$$\max aKR - aK - \frac{1}{2}a^2\beta\sigma^2 + aT + M \qquad (5-17)$$

求解这个值，得到：

$$a^* = \frac{KR - K + T}{\beta\sigma^2} = \frac{K(R-1) + T}{\beta\sigma^2} \qquad (5-18)$$

其中 $R - 1 \geqslant 0$，这是保证企业资金有正组织租金率的基本要求。

融资份额为：

$$1 - a^* = 1 - \frac{KR - K + T}{\beta\sigma^2} \qquad (5-19)$$

小　结

本部分可以得出两个有趣的结论，在不考虑企业家人力资本因素的情况下：

1. 企业家份额的比例与总规模负相关

同时收益率与总资本额正相关。也就是说企业越大，则企业家出资份额要求比例越大，融资比例越小。可以进一步得出，如果企业家受到资本约束，本身就需要融资，但是现实是为了得到控制权，自己必须出资的份额要大，那么企业家所做的就只能是缩小规模了。

2. 融资与规避系数成正比

也就是企业家越是不善于冒险，则融资越大。如果企业家比较厌恶冒险，则更愿意借入资金，要求与投资人共同承担风险。

以上两个结论与现实中不考虑企业家的人力资本因素下的情况基本相符。

第六章　制度企业家的融资行为

第一节　制度企业家的文献与概念的提出

一、企业家与制度

阿西莫格鲁和约翰逊（Acemoglu and Johnson，2005）的研究认为，企业家往往受到两种制度安排的影响：一是企业契约关系；二是国家公共权力。对于产权不能受到国家法律保护的情况，企业家无法通过正常渠道获取利益，被迫将创新用于掠夺，扭曲了创新的行为。但是如果国家能够提供保护，企业家会找到有利于自己的契约，从而避开容易受到伤害的契约。威廉姆森（Williamson，1975）发现，组织便利了"适应性的、连续性的决策制定过程，从而削弱了有限理性的影响"。朱海就（2016）指出，制度企业家在中国比较明显，表明制度催生了企业家，同时企业家又推进了制度的改革，这是转型社会的重要特征。他将催生制度的因素分为组织、通行的法则和文化三个维度，并指出企业家的理性有可能违背自然法则，形成一种"流行风气"，导致社会制度环境的恶化。其认为，企业家的社会责任重大，但是最重要的是针对社会制度的推动，形成良好的社会制度。何镜春、李善民、周小春（2013）指出，有政治关联的民营企业更容易获得融资，但是也增加了政治的风险，对于公司的治理结构、信息获得等都存在不确定性，民营企业的政治寻租也阻碍了创新，挤出了研发的投入。这被称为"政治关联的非效率观"。韩磊、王西、张宝文（2017）指出，市场化进程对企业家有正向效应，但是，其中政府与市场的关系有着负向效应，金融、法律等提高了市场的透明度，有着正向效应。地区腐败与市场化的交互项对企业家精神有负向效应，对创新的影响不明显。

二、制度企业家的概念

艾森斯塔特（Eisenstadt，1980）最早提出了"制度企业家"（institutional entrepreneur）的概念，认为制度企业家的主要任务是动员资源变革，推进制度的建立，从而有利于其利益的获取，这个提法扩展了制度经济学理论的研究领域。安德森和希尔（Anderson and Hill，2004）将制度企业家定义为通过推进制度建立和充足产权来利用机会获取租金的利益者，拓展了制度企业家的定义。

唐格拉姆和饶（Tngram and Rao，2004）详细地研究了连锁店店主通过影响制度从而推进连锁店形式合法化的企业家行为，认为制度企业家的行为已经与国家的法律形成联系在一起，成为国家行为。奥利佛（Oliuer，1992）指出，制度企业家受到外部政治压力、组织压力的影响，政治压力使得个人的权力受到威胁，因此会推进企业家从事非生产性活动，改变制度的规制活动，这种声明的方式就是"呼吁"。安德森和希尔（2004）指出，制度企业家组成了利益集团，通过声明、呼吁强调本利益集团的受损，形成集体行动，从而让人们相信他们并倾向于集体行动。

保罗·迪马吉奥和沃尔特·鲍威尔（Paul. J Dimaggio and Walter. W. Powell，2008）把各种制度资源创造性地组合在一起，从而产生新的具有其自身生命的组织形式和意识形态。其阐述了制度与人之间的相互关系，给了制度企业家以明确的解释。

三、制度企业家的特点

制度企业家主要的特点有如下几点。

1. 推进权力的合法性

制度企业家的一个特点是通过呼吁等行动，让不利于自己的制度产生变迁，推动制度的变迁，而不是通过适应规则来获取资源。在林毅夫（2017）的企业自生能力理论的框架中，企业会通过向政府"哭诉"，改变融资规则，获取短期的融资好处，渡过自己的难关。在市场的瞬息变换中，如果企业没有时间改变自己不适应的规则，难以存续，就容易因此失去自生能力。①

---

① 林毅夫：《新结构经济学、自生能力与新的理论见解》，载于《武汉大学学报（哲学社会科学版）》2017 年第 6 期，第 5~15 页。

2. 善于推动有利秩序形成的文化

奥吉维（Ogilvie，2007）指出，当一种文化资源可获得，并成为制度变迁的主要驱动力的时候，企业家会主动推动和利用这种资源，形成企业家精神。从这里看出，企业家并不是只关心经济中的非均衡，在融资活动中，还会利用文化资源，为自己的融资可获得性进行辩护，从而获取更多的资源。

3. 利用规模优势嵌入社会，形成"大而不倒"的局面

有些制度企业家通过结构性因素嵌入社会，与人们的生活、工作密切相关，并迅速形成新的规模优势，争取话语权，在政府的管制中处于有利的地位，形成一种"大而不倒"的局面。

目前，互联网的企业普遍具有很大的规模，在传统的实体店时代是很难看到的，属于经济学规模报酬递增。互联网已经深深嵌入通信、商业、交通和支付等领域，与人民的生活密切关联在一起，形成了结构性的嵌入，政府的规制也多少受到了一些影响。

2014 年 12 月 1 日，美国商务部否认了拆分微软的方案，仅仅对微软的绑定产品进行了简单处罚，微软已经通过嵌入互联网产业成为社会中人们生活的一部分，这种嵌入毫无疑问是商务部考虑的重要因素。

2008 年期间，美国财政部对美国国际、房利美等企业的救助，与这些利用大而不倒的企业优势进行"呼吁"有一定的联系。鉴于此，我国应该关注大而不倒的企业，提早制定相关的措施。

第二节　制度环境与融资安排

前文在论述中抽象掉了作为制度环境的外部因素，现在我们谈论制度环境对融资合约的影响。

一、制度对融资的影响方面

制度因素就像一个公共契约，[①] 是一个由政府主导的强制性制度变迁

---

① 根据林毅夫的观点，制度相当于一个公共契约，对效率有很大影响，参见林：《强制性变迁与诱致性制度变迁》，来源于科斯：《财产权利于制度变迁》，上海三联书店 1994 年版，第 371 ~ 403 页。

与个体主导的诱致性制度变迁的最终结果，它主要是从以下几个方面对融资产生影响。

1. 进入门槛

制度安排首先会影响资本的进入门槛，比如目前我国规定对企业发行债券的条件之一是：股份有限公司净值不低于 3 000 万元，有限责任公司净值不低于 6 000 万元，这些就设置了进入门槛，很多中下企业难以通过债券进行融资。另外，股市也存在对资金进入的门槛，比如股市的各种规章制度。

2. 资本退出权的影响

制度还设置了资本退出企业的障碍，在股份制发展的过程中，人们由最初的面对面投资，到海商时期的多方投资，经过投资中介投资，到今天规范的股票投资。制度不断在演化，也在不断规范。但是另一方面也对投资设置了很多退出的障碍，毫无疑问这会使企业投资增加了新的要考虑的因素，退出障碍意味着投资难以套现回报，一些投资者往往因为退出障碍在风险投资中望而却步。

二、对进入制度障碍因素的分析

进入障碍有两个方面影响，一方面是筛选作用，这是正的影响方面。筛选保证"坏"的企业家不能进入市场。但是遗憾的是，现在很多制度并不能够达到企业家能力筛选的效果，而是仅仅产生了对物质资本的筛选。另一方面是负面作用，在存在制度障碍的情况下，企业家要付出很多成本获取资本。这些成本包括：（1）搜寻成本，由于制度障碍造成信息不对称，企业家被迫通过各种渠道，包括设置公关费用、广告费用以及其他的费用，去搜寻企业资金的来源。（2）可以将它称为"装饰成本"，也就是企业为获取资金而被迫牺牲远期利益，将企业进行某种财务上的"包装"。"包装"虽然可能获得短期利益，但是减少了有利于企业发展的长期投资，或者将一些本来在条件成熟后获取的成果，为了回收"包装"费用在条件不成熟时就甩卖了。

这些成本属于企业家方面的交易费用，对于投资人来说，交易费用则表现为各种手续费（主要带有信息费性质），以及对企业家各种间接的考察费用，比如要仔细阅读财务报表，请别人帮助解释各种财务指标等。交易费用的存在使得企业家与投资人都存在剩余损失。

三、企业融资资本退出权缺失的后果

企业融资资本退出权缺失同样会导致严重的后果，这表现在两个方面。

1. 会导致股东"套牢"

公司治理结构的核心问题之一，即是剩余索取权与控制权如何匹配（matching）；而其中剩余控制权的完备与否，一方面依赖于剩余控制权在股东和经理层之间的分享安排；另一方面则主要表现为股东投票权是否完备。据现代企业理论的研究，股东投票权完备的必要条件是：（1）对资源的各种权利的决定必须由一个团体（group）表决做出（即用手投票）；（2）对团体表决通过的决定不同意或不满意时，团体中的成员可采取"用脚投票"的方式，转让其权利，退出该团体。这就是股东投票权的"两权具备"。上市公司里股东的投票权安排，至少是"两权具备"的。如果两权不具备，比如不能"用脚投票"，现实中大股东就会被"套牢"。这部分股权的所有者面临的一个制度约束是，该部分股权不允许在二级市场流通，而且其上市后的三年之内不得进行场外交易（一级市场协议转让）。这一制度限制的后果是，对股东而言，实际上被剥夺了"用脚投票"的权利。[①]

2. 股东的效用损失

这实际上是股东"套牢"必然导致股东的损失。可以根据下列的假设推出来：

假定投资人投入资本 K 的利率为 R，成功的概率为 S，残值为 F。

则有退出权的投资人的预期效用函数是：

$$U_1 = SU(KR) + (1-S)U(F) \qquad (6-1)$$

如果没有退出权利，则投资人的预期效用函数为：

$$U_2 = SU(KR) + (1-S)U(0) \qquad (6-2)$$

投资人的预期效用下降，不合理的制度导致非生产性活动占用了更多资金，造成了生产效率下降、福利损失。

[①] 参考谢峰：《董事怎样懂事》，《天津日报副刊》，2005 年 2 月 4 日经济周刊 19 版。谢峰原先说的是关于国有股份的问题，本书认为该现象具有一定的普遍性。

第三节　中国制度企业家的形成

一、制度放松形成的企业家

1. 改革开放的第一批企业家

改革开放后，邓小平同志提出了"以经济建设为中心"，"让一部分人一部分地区先富起来"的重要思想，人们思想得到了解放。自 1979 年农村实行联产承包责任制之后，工业企业领域开始出现"企业承包"等各种形式，制度上的变化催生了第一批企业家，这一代企业家以"农民企业家"为主，主要从事粗加工的业务。但是，由于文化上的不足，企业成长到一定阶段后，企业家往往出现了盲目规模扩大等现象，甚至部分人无视社会道德及法律，粗放式地盲目蛮干，最终导致失败。比如在 1988 年 4 月荣获首届全国优秀企业家称号的 20 人中，到 2003 年仅有 3 个人在岗。当然，由于企业项目生命周期的原因，企业家不断被淘汰是自然的趋势，但是第一代部分企业家被淘汰却不是因为经营问题而是触犯法律造成的。说明企业家错误理解制度放松而放任自己为所欲为，缺乏创业过程的制度监督。因此从这样的局面可以看出当时市场制度不够完善，对企业家约束的制度供给不足。

2. 1992 年邓小平南方谈话催生第二代创业机会

20 世纪 90 年代出现了第二次创业机会，如联想集团柳传志、巨人集团的史玉柱等是这一时期的代表人物，这一代企业家多是具备专业知识、技术，并具有一定的领导魅力，也是最具有转轨特色的一代企业家。有名气的还包括希望集团的董事长刘永好和华西集团董事长吴仁宝。

他们起始于濒临倒闭的国有企业或受命于传统的正式组织——国有科研机构等，在转轨的过程中发挥自己的知识优势，熟悉国内外管理前沿，在中国市场上有很强的吸引力，这个群体中的大部分人对中国的市场发展有清醒的认识，十分明白自己的局限，不断通过各种途径充实及提高自己，且能在关键时刻放手于新的管理人才及技术权威，因此取得了辉煌的成就。

3. 第三次创业机会

第三次创业机会从我国加入 WTO 开始，结合了互联网技术发展的契机，代表人物为网易公司的丁磊与步步高集团公司的段永平等，企业也开始进行现代化转轨，如董事会、监事会、股东大会等在企业中逐渐确立，约束及推动企业家的制度安排基本成熟，"利益相关者"已经成为主要的监督者，如出资者、股东和独立董事，这种制度安排使企业行动的方向与企业价值最大化保持一致。制度的成熟也推进了创业高潮，1999 年民营企业户数增长到 150.9 万户，从业人员增加到 2021 万人。到 2001 年，民营经济的发展再上一个新台阶，民营企业户数达到 202.85 万户，从业人员2 713.86 万人。[①]

4. 第四次创业机会

伴随着全球化浪潮，网络经济的兴起，以"BAT"（百度、阿里、腾讯）为代表的新经济带动了一批新的企业家，在硬件领域，华为则成为中国走向世界的一面旗帜。第四次创业机会是以网络经济与实体经济的深度整合为特色的，以各种网络平台为代表，如共享经济平台、中介平台、新金融平台等，当然也伴随着部分实体经济的退出。

2012 年以后，随着中国经济进入新常态、高质量增长阶段，各地掀起了新动能转换的浪潮，围绕着智能机器人、新能源和新生物学等，一大批产业正着眼于第五次的创业高峰。

二、我国企业家成长的主要原因

总体上说，改革开放使得民营企业得到快速发展，主要有以下几点：

1. 管制放松

改革主要是以顶层设计的制度创新开始，具体化为各行各业的制度，具体的制度创新又以管制放松为主，创造了企业家进入市场的各种机会。

2. 管制放松催生了技术创新、市场开发

由于企业家追逐利益的本性，管制的放松使得更多的知识分子"下海"经商，将以前没有利用的知识存量带入市场，并与人们的需求结合，带来了技术的创新，甚至有的知识分子加入世界范围的技术交流中去，为着眼于世界市场的技术开发和企业创立做好了准备，在以前这是不可想象的。不断开放要素市场、金融服务市场等都是管制的放松，企业利用开放

---

① 参考朱敏：《企业家成长环境、激励和制约机制研究》，西南财经大学博士论文，2002年，第 102～199 页。

的领域勇敢开拓，在市场中各显身手。

3. 技术与市场的发育进一步催生了企业家群体的出现

由于各种技术密集型的企业出现，迫切需要有技术、背景知识，或者国际商业经验，或者有能力的企业家，市场不断筛选出了适应时代要求的具有鲜明特色的企业家，如"史玉柱式"的创业家，还有"严介和式"的资本高手，以及"丁磊式"的技术型企业家等。改革开放释放了大量的制度红利，我国企业家的产生机会明显增多，并且基于不同的生存环境，特色鲜明的企业家群体也正逐渐形成，形成一波又一波的创业高潮。

三、我国企业家的古典特性

前文分析了我国企业家产生的背景，发现尽管我国企业家在改革开放短短二十几年里取得了很快的成长，但是仍然有以下不足①。

1. 我国大多数企业家被锁定在古典式企业家范畴

回顾企业家成长的历史，最初的企业家是以阿尔钦－德姆塞茨式的初级生产企业。以"苏南模式"为代表，阿尔钦和德姆塞茨（1972）指出企业实质是一种团队生产方式，企业家是克服团队成员"偷懒问题"的监督者。初期的大多企业产生是一种集体生产模式，在以控制权作为企业家激励模式的演化中，企业被个人收购，演化成家族式的企业，企业家成为监督者。

另一个代表是"温州模式"，一开始只是投机的商人，后来逐渐积累扩大成为企业家。以温州的"生意郎"为例："生意郎"的典型特点是对经济的非均衡具有典型的敏感性，具有了一定的企业家特质。从产业链上看，温州的家族企业主要从商业中而不是从生产中赚钱，企业表现为高度的同质化，企业的加工和销售模式几乎没有什么差别。家庭企业只是简单地进行加工，有时会通过组合完成熊彼特意义上的创新。由于当时是卖方市场，没有创新也并不意味着不能盈利。这样，在改革开放的大潮中，一大批富有冒险精神的企业家在"生意郎"行列中脱颖而出，成为承担不确定性的企业家。

---

① 参考任晓：《经济民营化运动中的企业家：自觉生成与古典锁定》，载于《经济社会体制比较》2004 年第 6 期，第 119～125 页。

冒险大于创新，企业家由于与员工巨大的风险效用差异而成为企业家，是古典式企业家的重要特征。

2. 现代企业迟迟未出现

我国民营企业另一个特点是"投资人与经理合作式"的现代企业并没有占主流。我国很多企业依然是家庭及泛家族组织或者企业生产团队的整合，这是家族企业特色，真正以经理与股东分离的现代意义的企业在我国的私营企业中占比很少，由于企业需求少，经理市场也没有出现。现代企业制度之于私营企业不过是私营企业的躯体裹了公司制的外衣。这一点是基本符合经验观察的。在所有东南亚国家或地区的非公众公司中，2/3 的公司的经营者与控股家族具有亲缘关系。1994 年评选出的 1 000 家最大华人企业中，董事长与经理之间有亲属关系的占 82%。在中国台湾地区的 81 家大型家族企业集团中，企业核心职位由同一家族成员担任者有 56 个，占近 70%，属于两个家族共担者有 18 个，占 22%。规模较大的企业，除了创业家长或家族大家长出任企业最高阶层职位以外，企业中其他主要职位均由家族成员占据。①

四、对我国企业家"古典化"的解释

一是因为改革速度的迅猛，企业家教育跟不上，企业家阶层还没有形成。高质量职业化了的企业家人才缺乏又反过来使目前企业"老板"放权不放心，公司治理结构摇摆不定，信任机制脆弱导致"两权分离"经常上演"革命"与"复辟"的闹剧。

二是节约交易费用的考虑。我国受儒家思想的"亲亲"思想影响，现代产业组织成为一个个工业化了的家庭、家族或泛家族（关系亲密的老乡、工友、战友、同学等）组织。在这样的组织内部，特殊的纽带维系的信任机制对共同体成员间的机会主义倾向有很强的免疫效果。我们观察到，即便是在一些规模更大的生产组织中也往往只是依地缘网络找了同社区或同村圈子内的"自己人"。这样做的好处是显而易见的，企业可以免去建章立制的费用，同时也省掉了维护规章制度的成本。这便是诺思教授强调的非正式制度安排带来的交易成本节约。所有必要的协调、计量监督

① 转引自张华：《家族式企业及其特征分析》，载于《西南民族大学学报（人文社科版）》2001 年第 10 期，第 94 ~ 96 页。

在"低文本文化"① 中完全可能依靠事前成员间在共同目标下形成的认同和共识是通过极其简单的方式完成的。②

第四节 中国制度企业家的融资特性

企业家的特性决定了企业家融资的特性，我们国家由于私营企业被锁定在古典模式，因此在融资方面更具备"企业家的企业"特性，也就是前文理论分析的部分。

一、现有资金的渠道偏好

1. 相关文献的研究

张敏、李彦喜（2014）曾经选取 94 家上市公司的数据，分析了企业家声誉与融资之间的关系，结果表明，企业家声誉越高的公司，融资的环境就越好，这形成马太效应，对声誉较差的企业具有一定的淘汰作用。罗正英、吴昊、余莹莹（2006）分析了融资与中小企业的财富集中度、风险厌恶程度之间的关系，指出中小企业的企业家之间的异质性，没有成为融资信贷获取的有利条件，这样不利于形成有效率的融资市场。张瑾华、何轩、李新春（2016）分析了企业融资中对银行的依赖程度，结果表明，企业对银行的融资依赖越强，就越是不能推进创新。这与国有银行的市场偏好有一定的关系。在高技术企业中，由于风险较大，国有银行对企业创新的抑制作用更加明显。

赵建英、梁嘉骅（2006）分析影响企业家创新的生态因子，表明创新融资的便利性、创新文化与创新能力在所有的生态因子中最为重要，给出了提高企业创新因子的主要建议。刘小玄、韩朝华（1999）以江苏阳光集

---

① 美国文化人类学家爱德华·霍尔在他的《超越文化》一书中，将文化分为"高文本文化"（high context culture）和"低文本文化"（low context culture）。前者指社会中信息是清晰和非人格化的，人们通过各种契约来规范各自行为；后者表明人们更喜欢作含糊和间接的交流，而且信息交流较多依靠事前人们在共同文化背景下形成的共识，不过，这些信息对于一位外人来说却是非常含糊和不充分的。因而在低文本文化中人们通过各种人际关系来规范行为（Edward Hall, 1976, Beyond Culture, New York, Doubleday）。

② 任晓：《市场化改革与民营企业家生成——温州民营企业家生成过程分析》，载于《中国经济评论》2003 年第 6 期，第 32～39 页。

团的案例，分析指出阳光集团实质上是一种等级管理制度，没有摆脱古典企业的特征，认为激活企业家才能非常重要。周中胜、王愫（2010）发现企业家从直接接入和间接接入两种渠道，对融资渠道的拓展产生影响，提出了企业家能力与企业家的信用评级之间的关系。李小平和李小克（2017）从企业家精神与出口的比较优势两个角度，分析得出企业家精神与区域出口存在着典型的正相关关系，法治水平和政府管制对地区出口存在着正向和负向的关系，认为地区要推进区域的出口，就必须提升企业家精神，推进市场化改革。吕鹏（2013）通过对财富榜的分析，研究了第一代富有的企业家的社会起源，认为第一代企业家中大多数并不是官员下海，而是出身于中下阶层的知识分子居多，"被中断的资产阶级化理论"得到了支持，理工类的大学教育对创业有着一定的促进作用，大学文凭对于个人进入公有部门还是私有部门的作用更加明显。王永齐（2013）指出若将企业家能力植入生产函数，影响了企业资本积累的效率，推进了林毅夫的结构经济学理论，认为不仅经济的发展影响了企业自生的能力，企业的自生能力演变也影响了经济的发展，包括融资的环境。欧雪银（2008）在新兴古典框架下分析了中国农民的选择问题：由于土地的禀赋收入太低，打工比种地更能够赚钱，虽然可以进行小额贷款等活动，但是融资后的企业家行为十分有限，导致了农民最终选择了打工行为。

2. 相关文献的总结

（1）内源性融资为主。我国金融体系中资本市场相对于资金市场发育很不完全，缺少一个多层次的、能够为广大民营企业融资服务的资本市场，并且受组织规模、股东人数和资本金等条件的制约，民营企业要取得上市资格和债券融资方面较难，因此，创业时期的广大民营企业并不容易得到政府以及银行的资金支持，大多数是来源于自己的积累或者从其他地方获取的少量资金支持。

由于融资的困难性，大多数是向自己的亲戚、朋友筹集，政府、银行的资金来源非常少，由于现在制度环境已经不同于几年前（那时投资人少，投资成功率大），投资风险加大，因此私人投资不仅没有增加，反而减少。从融资理论上来看，内源性融资应该占有主要的地位，根据财务结构理论，内源性融资可以使企业家牢固地掌握控制权，这对企业家是最好的选择，尤其是对优秀的企业家而言。这一点发达国家也是这个趋势。

但是，在资金相对匮乏的情况下，如果内源性资金本来过少，再以内源性融资为主，则企业家的创意受到资金的约束而得不到充分发挥。

（2）融资偏好的逐步迁移。进入 21 世纪，随着互联网产业、金融发展等形势的推进，我国企业家融资偏好正逐步转向了外部融资。银行的金融制度以及开放带来的外来资金，为获取资金开辟了更多的渠道，融资偏好也逐渐走向外来融资为主。

二、融资偏好的特性

我国企业家在融资的时候有以下一些特性。

1. 控制权是主要考虑的对象

由于我们国家很多企业还处于"古典状况"，所以，控制权问题依然是企业家在融资时的首要考虑对象。这里引用罗卫东、许彬（2002）文章里的话：

"从企业的规模看，浙江是中小企业主宰的经济，这一特点是与产业结构相互适应的。浙江的主导行业，技术和资金门槛低，对生产规模和管理专业化的要求小，非常适合于在一种自然家庭组织的范围内来运作。这类企业的运行成本（管理成本）极低，经营非常灵活，对市场信号的反应很灵敏，在国有企业和集体企业运行严重不济的大环境下，这种基于家族的民营企业优势十分明显。但毋庸置疑，家族制企业有一个稳定的规模区间。一旦超过一定规模，家族制就会面临解体。为了不使家族丧失企业的控制权，企业甚至宁可限制发展的规模。"[1]

家族企业可能为了控制权而放弃企业规模，这在现实中是存在的。企业家多数是向自己的亲戚融资也验证了这个理论（亲戚意味着控制权更具有可控性），即在企业家的企业中，控制权是重要的。

2. 善于承担改革中的不确定性

企业风险来源以下几个方面：一是企业的本来特征决定的。一般来说，企业家的创意并没有经过实践检验，大多来自对过去的经验判断，因此创业企业能否成功，并没有很大的可能性，对于这样的企业，风险规避投资人一般并不想投资。二是改革过程中制度的不确定性也造成了很多系统性的风险。我国改革是"摸着石头过河式"，很多具体的制度都处于空白状态，什么东西该做，什么东西不该做，并没有明确的规定。地方政府往往是出现了问题之后，再来一个制度，规定什么东西不能做了。这样已经

---

① 罗卫、许彬：《社会信用与浙江经济》，载于《资料通讯》2002 年第 5 期，第 1 页。

做的就得到了巨大的利益，而正在进行专用性投资的企业家则损失巨大，给企业带来了系统性的风险，特别在畜牧业、农业方面，哪些可以养殖、可以种植经营，怎么样进行加工会得到政策允许等，不确定性比较大。

尽管如此，我国企业家还是勇敢地承担了风险，并凝聚家族的力量进行融资，这是有目共睹的。另外，因为银行在谈判中的某些方面明显占有强势地位，在资金难以获取的情况下，企业家忍受了在风险分担方面的不平等，坚忍不拔地进行了创业活动。正是企业家的这种"草根"精神，促成了我国改革开放的繁荣。

3. 融资谈判力弱

融资在我国是件比较困难的事情。一个原因是企业要进行其他方面的融资，如上市发行债券对中小企业而言是不可能的。由于担保能力很差，大银行大多数不愿向民营企业提供小额贷款服务。民营企业贷款的来源主要是规模较小、地域性较强的地方银行，而创业型的企业大多属于中小企业，这种状况着实让人担忧。当然，目前出现的一些中小企业跑路等也引起银行的"惜贷"，恶化了资金市场交易环境。

融资谈判力弱的另一个原因是缺乏退出权，我国中小企业上市比较困难，也没有其他法律制度关注到中小企业，客观上导致了资本的稀缺，所以中小企业家在投资人面前，显得很弱势。

4. 宏观货币政策与企业家融资的"动物精神"

苏冬蔚、曾海舰（2011）研究了宏观经济形式对信贷的影响，指出了在宏观经济形式导致企业家有信心时，企业家更倾向于融资，显示了一种"动物精神"。

依据表6-1数据来看，企业家融资方面与宏观货币政策有一定的相关性，在货币发行较多的情况下，企业家的融资比较盲目，在融资偏好方面相对来说更倾向于外部融资，坏债比较多。中国从2014年进入新的货币放松的周期，大体上在2017年结束，宏观货币中是各省份的坏账各有不同（见表6-2），但是，一些产业结构没有根本改变，企业家精神缺乏，相对坏账较多，这反映了"制度企业家"的特性。

表6-1　　　　　　　　　　2014~2017年中国货币发行与违约情况　　　　　　单位：亿元

年份	债务违约金额	货币发行量（M2）
2014	15.09	1 228 374
2015	92.00	1 392 300

续表

年份	债务违约金额	货币发行量（M2）
2016	321.09	1 550 100
2017	169.58	1 655 700

资料来源：东方财富网，http://data.eastmoney.com/cjsj/moneysupply.aspx?p=1。

表6-2　　　　　　　　2017 年中国部分省份的债务违约情况

省份	破产家数（个）	金额（亿元）
辽宁	2	92.32
上海	3	85.91
山东	9	80.31
河北	3	70.89
四川	10	63.10
北京	5	45.09
内蒙古	5	34.00
江苏	10	30.67
浙江	5	20.39
广西	1	15.94
广东	5	12.63
青海	1	10.83
湖北	1	6.42
山西	1	6.38
重庆	1	5.49
福建	9	4.72
吉林	1	3.94
河南	2	3.35
安徽	4	2.06
陕西	1	1.63
天津	2	1.40
甘肃	1	0.22
云南	1	0.06

资料来源：财汇金融大数据分析（2017）。

第五节　融资制度变迁中的企业家与投资人

一、融资制度的强制性变迁

总体上讲，我们国家的融资制度变迁走的是一条强制性制度变迁的道路，这是总体上经济转型的改革环境决定的，由于改革的设计谨慎而且具有渐进性，基本避免了市场中"逐步纠错"带来的巨大损失，但是也有一些矛盾问题。

1. 制度变迁的动力

（1）资金资源不均衡与企业家创新之间的矛盾。随着市场化改革，原有的体制越来越不适应企业家的融资要求，企业家要创新，就必须有资金的需求。但是由于以前的金融体制落后，如何应对企业家的资金要求，怎么样应对企业家的融资要求，现有的体制难以一下子实现转变。银行效率相对较低，不能区分企业家的创新行为。在信息相对缺乏的情况下，中国在银行改革方面采用了稳健的模式，主要是把企业家创新项目大多推向了证券，而将资金庞大的贷款余额投向了相对稳定的国有企业。

2010 年以后，中国的财富相对集中，私有部门出现了资金的寡头，在利益的驱动下，寡头的逐利行为也带来了投资人掠夺企业家的状况，针对这些情况目前金融主管部门监管的力度还不够，制度建设还相对落后。

（2）资产涨价与利润下滑的矛盾。中国大多数企业都进入成熟阶段，利润逐步下滑，大多数行业利润都处于个位数，转轨带来的暴利机会越来越少。同时，由于城市化、城市租金上升等原因，资产价格与经营成本都上升，企业家被迫采用规模经营的方式，推进企业通过销量盈利，使得企业特别是私营企业的资金需求更大，在资金有限的情况下，可能会通过一些非生产性活动与国有部门争夺融资资源。

2. 制度变迁的模式

为了企业的自生能力，大多数的融资制度都采取的渐进模式，并且主要由政府作为主导，在融资政策中注意保护企业家通过享有控制权并保证企业家具有相机抉择的机会，但这是建立政府有限理性基础上的，制度变迁本身是渐进性和试错性的，在行动方面管理大于建设，难以根除一些弊端。

3. 企业家视角的制度变迁方向

目前，随着人民币制度的改革以及金融市场的转型开放，企业家正在逐渐走出国门成为全球化企业家。在这种局面下，如何推进企业家在全球资源配置中的竞争力，金融改革承担重要的任务。

一方面，创新是企业家的灵魂，也是国民幸福的主要来源，更多的创新提高了产品的质量，创造了更高的经济福利，保护企业家创新的制度应该尽快推进供给。

另一方面，企业家融资又存在融资背约的情况，企业家在获取资金后将资金用于挥霍和在职消费，也损害了投资人的利益，监督企业家资金滥用的制度也应该推进改革。

所以融资制度的改革应该一方面着眼于保护企业家的创新，另一方面又要防止机会主义，监管企业家的败德行为，制度改革是一个系统性的工程，需要全盘考虑，这也是改革的难点。

二、融资制度的建立与发展

1. 中国创业融资制度的建立

2005 年，国务院批准，国家发改委联合相关部门一起出台了《创业投资企业管理暂行办法》（以下简称《办法》），《办法》规定对创业投资企业实行备案管理，同时对符合有关规定的企业进行扶持。指出外国的投资者按照《外商投资创业投资企业管理规定》执行。2015 年，国务院出台了《国务院关于大力推进大众创业万众创新若干政策措施的意见》，建立了由发改委牵头的部级联席会议制度，推动大众创业万众创新活动，标志着企业家创业活动进入一个新的阶段。

2. 中国创业融资制度的进一步发展

自 2015 年以来，中国对于企业上市也实行了一些分层制度，也就是分为一板、二板、三板等层次，主要目的是稳定大中型企业，保护中小企业的创新行动，为中国经济更多地注入活力。

从效果上看，"新三板"与期望仍然有较大的差距，其中最重要的仍然摆脱不了地方政府的博弈。

　　由于上市公司与政绩往往联系在一起，上市也就成了地方政府的重头戏之一，在这种业绩考核模式之下，地方政府往往亲自出手，帮助企业进行包装、并购、业绩注入等活动，来争取本地的企业尽快上市。地方政府的过度保护仍然是我国企业自生能力产生的重要障碍，在政府包装下上市的企业，往往难以独立在市场生存，又需要政府进一步保护，形成恶性循环。

三、案例分析：制度变迁中的企业家与投资人

案例 1　企业家融资"跑路"的案例

　　2009 年，在李炎放话其控制的腾中重工要收购悍马的同时，其控股的旭光高新材料也随即在中国香港风光上市，一时引起资本市场的轰动。通用汽车表示，因为四川腾中无法在拟议的交易时间里，获得中国监管部门许可，因此这项交易无法完成。

　　"我们很失望，与中国四川腾中的交易不能完成，"通用汽车公司规划与联盟副总裁、约翰·史密斯说，"通用汽车现在将与悍马员工、经销商和供应商密切合作，以负责任的态度逐步有秩序地减少悍马的经营。"

　　有趣的是，在通用宣布收购失败的同一天，商务部称没有收到过腾中收购悍马的任何申请。然而好景不长，先是 2010 年传出李炎收购悍马失败，再是旭光高新材料于 2014 年 3 月被质疑造假上市，一个多月后，市场中又传出李炎控制下的华通系身负逾百亿元负债的消息。一时间，华通系再次成为资本市场的"明星"。而华通系幕后大老板李炎传出的失联消息，更是令本已风雨飘摇的华通系雪上加霜，此次失踪被指涉案金额超过 100 亿元。在四川所涉民间资金具体尚不清楚，有消息称约为 20 亿元。另据报道，旭光资源向中投的子公司史泰宝以及中信资本旗下的私募基金，分别发行本金额 9 000 万美元及 3 000 万美元，共计 1.2 亿美元的可换股债券，这批债券将于 2014 年到期，但目前面临赎回困难。据了解，李炎控制的所谓"华通系"资金业已崩盘，多家当地银行及民营企业卷入。这些银行包括国开行、建行、工行、农行、华夏、恒丰、浙商、乐山、渣打、重庆等银行。其中，国开行涉及金额 2.5 亿美元，

建行为 7 亿 ~8 亿元人民币。①

案例 2　保险险资入驻

2015 年 7 月 10 日宝能系首次举牌万科，前海人寿通过二级市场耗资80 亿元买入万科 A 约 5.52 亿股，占万科 A 总股本的约 5%。2015 年 8 月26 日，前海人寿、钜盛华通知万科，截至当天，两家公司增持了万科5.04% 的股份，加上此前的两次举牌，宝能系合计持有万科 15.04%，以0.15% 的优势，首次超过了 20 年来始终位居万科第一大股东的华润。2016 年 6 月 26 日，宝能旗下两家公司——钜盛华和前海人寿联合向万科董事会提出召开临时股东大会，审议罢免全体董事的议案。被宝能提请罢免的，包括王石、乔世波、郁亮、孙健一、陈鹰、魏民、王文金在内的七名董事，张利平、华生、罗君美三位独立董事，以及解冻、廖绮云两位监事。2016 年 8 月 21 日晚间，万科 A 披露半年报，半年报同时还披露了股权大战带来的影响：第一，6 月底至 8 月初，万科已有 31 个合作项目因股权问题而被要求变更条款、暂缓推进或考虑终止合作。第二，6 月底以来，万科 A 合作伙伴、客户、员工以及其他中小股东对公司前景的疑惑和担忧进一步加剧。第三，万科物业 5 个洽谈合作项目暂缓、变更或考虑终止合作；1 家物流地产的合作方要求调整合作条款；多家境外基金和银行暂缓了项目合作与贷款。第四，团队稳定性受到冲击。2017 年 6 月 21 日，万科公告新一届董事会候选名单，王石宣布将接力棒交给郁亮。

历时近两年的万科股权之争在深圳地铁公布新一届董事会提名之后，或已尘埃落定，落下帷幕。万科公告称，公司于 6 月 19 日收到深圳地铁关于万科 2016 年度股东大会增加临时提案的函，提议增加董事会换届临时提案，拟提名郁亮、林茂德、肖民、陈贤军、孙盛典、王文金、张旭为第十八届董事会非独立董事候选人，提名康典、刘姝威、吴嘉宁、李强为第十八届董事会独立董事候选人，提名解冻、郑英为万科第九届监事会非职工代表监事候选人。经万科董事会 6 月 20 日审议，同意该临时提案提交 2016 年度股东大会决议。②

---

①　案例来源：《成都市经信委人士确认腾中重工老板李炎已失联》，人民网，2014 年 5 月 6日，记者：魏倩。

②　选自买购网：《万科宝能事件始末》，http://www.maigoo.com/news/457325.html。

　　以上可以看出，我国的企业家与投资人在企业家融资的角色中存在着复杂的角色定位问题，案例说明，融资不能失去监管，融资者应该适度地介入企业家创新活动，没有监管的创新容易导致机会主义。

　　在案例1中，腾中资金链的断裂其实也反映了企业融资难的制度问题，为什么企业要有那么多的民间借贷，在资金困难以后为什么不申请破产程序？为什么要借助于"题材"才能融资，这些都需要我们进一步去思考。

　　企业民间借款缺乏透明性，结局往往会将债务问题压给法人个人，使其承受不起；另外民间企业可能存在的一些灰色交易、灰色资产，也使得很多企业在借款方面往往铤而走险，走上借高利贷的路子，最终因为还不起债务而被迫"失联"。企业在经营中的波动是难以避免的，缺乏资金是每个企业都可能遇到的情况。面对企业的资金困难，建立规范的企业有限责任制度和透明的融资制度，才能保证企业的顺利融资，帮助企业渡过难关。

　　在案例2中，作为资金提供方宝能的收购，无所谓"野蛮人"收购还是"文明人"收购，但是在收购的过程中，忽视了企业家的利益，缺乏沟通，造成了与企业家的利益冲突。

　　王石是万科董事会主席，应视为原第一大股东华润选派的，现在宝能已经是最大股东了，有权提出更换董事长，当然也可以与华润等大股东协商不更换董事长。但是作为资本方，在更换企业董事结构时首先应该考虑的是企业的持续经营问题，对管理层进行充分了解，不能一味地关注自身的利益，因为企业是利益相关者的企业。

　　另外，也应该认识到不是只有大股东的利益，还有小股东的利益，忽视小股东的利益任由大股东左右企业，是制度不健全的表现。

　　作为管理机构也有一定的责任：一是针对收购的过程缺乏监管，中国的险资在收购的过程中横冲直撞，并非针对的只有万科自己，管理层只按照现有的制度进行管理，没有去思考现有制度的漏洞。

　　在出现问题以后，管理层大多采用了就事论事的做法，缺乏经验的总结。当时的保监会和证监会针对险资实行了一系列的措施，被认为反应有点具体化了。重要的是应该更好注重企业创新活动，针对市场的不足进行制度建设。

　　企业家的行为不只是受到市场的约束，企业家的行为也应该推动市场的进步，从案例中看，无论历史上还是现在，投资人与企业家的矛盾一直存在，现有的网络金融、金融工具等逐渐出现，作为企业家融资，应该更加关注创新的融资效率。

第六节　腐败与企业家融资中的机会主义

一、已有的研究

一部分文献认识到对现有资金的极度渴望可能导致投资失败。杨向阳、童世乐（2015）研究财政支持、企业家的社会资本和企业融资之间的关系，研究发现企业家的社会资本和财政支持可以有效地提高企业获取外部融资的机会，但是社会资本中政治关系资本与商业关系资本在融资机会方面有着显著的差异。王福民（2012）利用湖南135家创业企业的数据，通过TOBIT方法研究了创业企业家的资源禀赋对融资方案的认知关系，研究发现，创业企业家的社会资本、专用人力资本对创业的融资方案有着正向的认知，而通用人力资本几乎不起作用，比较明显的是有着财务经验的企业家更具有正向认知。张西征（2014）基于企业预防性现金持有的权衡理论、融资约束理论和代理理论对企业家经济预期、融资约束和企业家现金持有开展研究，发现企业预防性现金持有水平明显受到企业家经济预期的影响，融资约束越强的企业受影响程度越大。

也有人指出政府的干预是融资困难的原因，李唐（2016）从企业家创新、企业家寻租和企业家模仿三个维度，分析了企业家创新对员工参与企业家治理的影响，结果表明，企业家创新更能刺激员工的积极性，积极参与企业治理，而企业家模仿和企业家寻租有着明显的抑制作用。他指出政府应该摒弃"父爱效应"，推动企业走向市场。栾益童、尹宗成（2014）分析了IPO中的腐败现象，结果表明，资产负债率越高的公司越不愿意去寻租，第一大股东占的比例越高，越愿意进行寻租活动，更严重的是，创业板公司在上市时反而更愿意进行寻租活动。这反映了当前企业家融资的过程中，有的公司可能伪装成创新公司，来套取公共资源。程虹、谭琳（2017）对僵尸企业进行了分析，指出正是因为企业家的非生产性活动的投入过高，对创新产生挤出效应，导致了企业缺乏研发，出现了僵尸企业。回归发现，有政治关联的民营企业比国有企业更热衷于进行非生产性的活动，并建议政府对民营企业不能过度关爱。

以上文献说明了当前企业家融资进程中的重要问题，就是企业家更喜欢通过改变规则，而不是适应规则来获取资金资源，社会资本、政治资源这些成为企业家融资资源的重要影响因素，不能不引起我们的警惕，一般来说，按照林毅夫的自生能力学说，企业家获取资源的方式应该是自生创新能力，这样能够让其获取超额利润，成为融资的关键，现在通过改变规则，从社会资本和政治资源中获取超额利润，是挤占了创新的资金，阻碍了创新。

二、寻租活动的内因分析

寻租活动并不能创新，甚至不属于生产性的活动，其仅仅是为了社会自愿的再分配而进行非生产性的投入。

1. 圈子文化中集体行动的逻辑

中国属于农耕文化，从历史上说，农耕文化的生产稳定性强，但是资源容易受到侵犯，地被分割成一小块一小块的，为了免受侵犯，必须联合家族的力量，形成一个一个的小圈子，这是农耕文化的主要问题。

圈子文化是农耕文化的一个重要特点，在圈子文化中，一些法律其实建立起来容易，但是运行起来难，因为需要协调，圈子的分割特点使得协调起来难。在制度上就表现为制度建立起来比较容易，但是运行起来比较难。

这样，在圈子文化中供给新制度时，人的因素起着决定性的作用，一个制度的推行不是看其是否有效率，而是看其是否得到了各个圈子的认同。走捷径，图方便，没有熟人办不成事，都是这种圈子文化的表现。

在圈子文化中，制度在运行中分成了显性制度和隐性制度，为了统一意志，显性制度必须很虚，这样才能在社会上广为接受，虚就为隐性的制度留下了空间，在操作上，大家依据隐性的制度则更方便，效率更高一些。

通过这样的方式形成了集体行动的逻辑，在集体意识上，大家都有着共同的精神信仰，但是在圈子文化中，这种信仰又透过个人圈子被重新解释。

2. 廉洁的经济分析

廉洁从经济学上表现为一种公共品，需要社会一起推动，才能得到供给。但是，在圈子文化中，公共物品的供给更容易被"搭便车"，大家都想着别人廉洁，自己去享受廉洁。因为主动去供给廉洁会付出代价，这是大家都不愿意的，而且从经济学上，也是不经济的。现实中，只有当廉洁的收益远远大于成本时，才会形成集体行动，推动廉洁社会的形成。

更重要的是，腐败经过了漫长的社会检验，已经形成了一种与现实情感联系在一起的生产方式，这种生产方式适应了圈子协调的要求，在集体行动的廉洁没有形成之前，侵蚀着生产的最终成果。情感是一种比制度更固化的要素，即使经过较长的时间，情感的改变也较难。

从经济学上，腐败是一种分租方式，为了获取租金，聪明的人必须占领、扩大和搜寻社会结构中的节点，利用节点形成各种强关系和弱关系，最终可以获取租金。由于租金的成本是一种非生产性的付出，所以这种分租方式提升了生产的成本，导致生产的不充分，最后导致租金的耗散。

在规则与人情、圈子与底线、良知与本能之间，圈子文化的生产不断衍生着副产品，破坏着激励相容的制度，也阻碍着廉洁等公共品的形成。

3. 意识形态可以阻碍圈子文化的推广

圈子文化的形成在于无信仰，缺乏安全感，在制度上，意识形态容易形成集体行动的新逻辑，按照诺思的理论，人们可以通过意识形态形成一种"世界观"，形成一种新的成本、公平等评价观念，这样会让过去的利益，被评价为亏损，集体中会形成一种精确的计算，对于"搭便车"的行为进行惩罚。但是意识的形成需要利益集团的推动，有时又是历史的偶然性形成的，并且有一定的路径依赖性。

4. 制度企业家容易陷入机会主义

社会制度不可能是健全的，即便是健全的，由于运行成本较高，有的制度也是名存实亡，并不具有实际的意义。

在制度真空或者在制度名存实亡的情况下，企业家的行动会推动新制度或者潜在规则的形成，这是制度企业家的重要特征。

由于制度企业家在文化上深受圈子文化的影响，类似于拥有一种丰裕的生产要素，在推进新制度形成的过程中，很容易利用圈子去融资，被圈子文化腐蚀，而让制度企业家去生产廉洁文化又需要更大的成本，所以，制度企业家容易形成一种融资中的机会主义，表现为企业不是依靠创新创造高额利润获取公众的资金资源，而是通过伪装、装扮成高质量的企业来获取资源，这在上市企业中被披露的并不在少数。

更有甚者，通过贿赂官员、官商勾结来获取资源，由于官员具有公共权力，这种伤害不仅针对该企业的竞争者，而且会伤害更多的企业。

5. 融资中机会主义的主要表现

一是在企业 IPO 中采取伪装的手段，免费获得融资资源，同时用各种"故事"欺骗投资者，圈钱造富，并很少发放股利。

二是债务融资中的蓬齐博弈。主要以高额利息吸引资金，然后获得的部分资金回报先到的债权人，这种骗局一旦资金链破裂，就会跑路、赖账等。

三是骗取银行贷款等，并积累形成大而不倒的规模，强迫银行继续贷款养僵尸企业。

四是官商勾结，欺骗政策性资金支持，利用所谓的创新来欺骗政府，套取各种科研经费、补贴资金等。

五是利用空壳公司转移融资、贷款，将自己的资产转移，将公共资源转移成自己的，不仅欺骗债权人，而且欺骗母公司。

以上是企业家常见的融资过程中机会主义行为，其中，很多是因为制度运行没有执行造成的，没有执行的原因要么是执行无力，要么是企业用自己的声誉骗取了监管部门的信任。

对于企业家融资中的这些行为，必须动员社会予以关注，这种融资不仅挤占了创新资金，影响了创新，而且影响了正常的生产，企业的利益相关者都受到了损害，必须受到整个社会的谴责和惩罚。

第七节　地方干预与企业家精神

一、金融市场化与金融干预化

改革开放以来，随着储蓄规模上升，金融呈现出前所未有的发展态势，企业家精神也得到了一定程度的释放：一大批富有冒险精神的民营企业成长起来。金融是企业的血液，金融的配置对企业的成长进程、成长方式都很重要，制度企业家理论曾经阐述了企业家成长与金融制度之间的关系，并指出了企业家对制度的反向作用。下面以民营企业家代表区域企业家精神，进行分析制度干预与区域企业家精神的关系，后面所指的企业都是指民营企业。

金融配置是制度化的产物，但是由于我国各区域的经济发展不平衡，各个区域有着不同的发展政策，各地在执行政策的时候，由于体制、管理方式等原因，金融配置政策有了两种趋势，一是干预化的方式，二是市场化的方式。干预方式一方面表现为政府对国有企业、重点扶持企业的补贴以及一些针对大企业的优惠税收政策（胡祖光、张铭，2010；马晓静，2013）。瓜葛利亚和庞希特（Guagriglia and Poncet，2016）认为，中国的金融市场受政府干预严重，具有政治性的制度变迁特点，而这种政治性的制度可能使中国金融市场的发展偏离由微观金融引导的自下而上的发展，而形成一种由中介尤其是政府中介为主导的发展模式。邢志平、靳来群（2016）认为，地方政府干预造成了国有企业或大型企业实际补贴，进一步降低国有企业生产成本，引起国有企业过度投资，导致低效率经营。李悦（2017）也指出了政府干预违背了金融配置的比较优势原则。当然，金融干预另一方面也激发了区域的企业家精神。林晓言、陈俊毅（2003）指出，政府的优化间接融资政策在实践上扶持了企业的发展；邵国良、张仁寿（2005）指出，企业由于自身管理、治理制度等的缺陷，需要政府的适当扶持；孙明贵、雷亮（2003）则指出，西部的优惠性和保护性金融政策有利于企业的发展；郝凤霞、陈洁婷（2018）实证分析了政府产业政策对民营上市企业的扶持效应。总体来看，政府的金融干预并非都挤压了企业的成长空间，经验验证的结果有时也可以促进企业成长，特别是一些企业初期的成长。那么金融的市场化是否就一定会促进企业发展呢？文献中的实证结果并没有统一的认识。战明华、李欢（2018）就金融市场化进程指出，单纯的金融市场化并不能改变现状，需要金融市场化与实体市场化相结合才可以。马青、傅强、王庆宇（2018）则指出，金融市场化必须与城市化、制度规范一起推进才起作用。当前的金融干预也不是一无是处，它有助于国家在经济发展初期集中有限资金创办发展优势企业从而促进经济增长，但长期的金融错配就会造成资源利用率低和经济结构失衡等问题。徐佳君（2017）则从结构经济学视角指出，中国市场的不完全性，必须利用金融政策改善产业结构。这样，金融到底是政府干预好还是市场化好，成为现在金融改革的热点。

中国正处于经济质量提升、企业大发展的新时代，政策化还是市场化的矛盾，是很多区域在执行金融政策时比较困扰的问题，基于对这一问题的思考，本书依据2006～2018年的省级面板数据，运用空间计量交互模型，对当前政策化与市场化的后果进行检验。

二、区域差异分析

（一）泰尔指数

企业家是创新的灵魂，在不同区域，由于文化背景、资本状况等的差异性，企业家的活动并不一致，一般来说，相对发达的区域，企业家聚集相对集中，应该是企业家创新活动比较集中。相反，一些相对落后地区，由于现实条件的约束，企业家迁移出去较多，企业家的活动相对来说较弱。根据这个设想，对企业家的活动区域极化的状况进行检验。

为了验证区域企业家活动的特点，这里采用泰尔指数，分为对组内不平衡的检验和组间不平衡的检验。其中熵指数，前者侧重于底层数据的变化，泰尔 T 指数对上层数据的变化敏感。本研究是反映区域之间的差异性，主要考察先进地区的极化效应，因此主要是采用泰尔 T 指数，如式（6–3）所示。

$$T = \sum_{i=1}^{n} Y_i \log \frac{Y_i}{P_i} \qquad (6-3)$$

从表 6-3 中可以看出，我国的企业家精神在区域之间的分布呈现逐渐平均的趋势，这是因为如下几个原因。

表 6 – 3　　　　　　　　历年企业家精神的泰尔指数

年份	泰尔指数
2006	0.47197
2007	0.33544
2008	0.39012
2009	0.37329
2010	0.36024
2011	0.34530
2012	0.32545
2013	0.31412
2014	0.30277
2015	0.29328

年份	泰尔指数
2016	0.28983
2017	0.28716
2018	0.28192

注：按照有关资料用 STATA 计算得出。

第一，国家的区域政策倾斜起到了效果。我国先后推出的"西部大开发""振兴东北""中部崛起"等政策，在资金、人才政策方面向落后的区域倾斜，起到了一定的效果。企业家在西部等地方公共设施相对完善，资金又相对充裕，落户政策也比较优惠，比较优势是企业家聚集的主要原因。

第二，企业家学习有了一定的效果。我国长期产业集中于东南方向，落后地区的人力资源在发达区域经过了多年的学习，形成了企业家人力资本，在这种情况，落后区域的条件又比较成熟，回乡创业成了企业家的一种选择。

第三，产业梯队转移的结果。长期东南部发展各种产业，资源比较拥挤，成本提高，为了发挥比较优势，东部的企业家开始向中西部转移，以维持比较优势。

（二）Dagum 基尼系数

目前，衡量区域差异性常用的指标是 Dagum 基尼系数，由达岗（Dagum，1997）提出的一种基尼系数算法，该差异性的具体形式为：$G = \sum_{j=1}^{n} \sum_{k=1}^{k} \sum_{i=1}^{n_j} \sum_{r=1}^{n_h} |y_{ji} - y_{hr}|/2n^2\bar{y}$，其特点是可以衡量组间、组内系数。另外，设定 G_w 为组内差异贡献，G_{nb} 是组间差异贡献，G_t 作为超变密度衡量区域之间的相互作用，公式为：$G = G_w + G_{nb} + G_t$；G_{jj} 是组内差异系数，G_{jh} 为组间基尼系数。这里将全国区域分成东部、中部、西部和东北四个区域，通过组内、组间来进一步衡量出企业的各种差异，由 matlab 程序计算得出其中组内差异，见图 6 - 1。

从图 6 - 1 看出，东部和西部组内差异较大，企业集聚出现分化，结合具体数据，东部主要是广东、上海、浙江、北京企业集聚水平高，山东、河北等地企业集聚水平较低，这种情况在跨十年的数据中有扩大趋势，山东作为经济大省，在企业发展方面衰减严重。西部主要是西北和西南分化大，西北的甘肃、青海、宁夏集聚水平低，而西南的重庆、四川、陕西水平较高，西北三省份的企业数额在全国处于较低水平，难以形成企业的集群。东北三省中辽宁的企业水平较高，但是自 2012 年以后逐年下降，已经落后于中部、东部的很多省份。中部差异性不大，但是中部企业的数额在快速地攀升，如安徽、湖北等省份企业成长迅速，从平均来看，中部的经济已经是全国增长的较快地区。

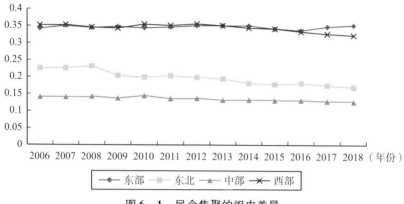

图 6-1 民企集聚的组内差异

从图 6-2 中可以看出，东部与东北、中部与东北的差异都在随着时间的改变而扩大，这是近几年东北企业外流的原因，从数据上看，辽宁省的企业下滑较多，吉林省的企业集聚情况在逐年好转，东北相比于东部依然形势严峻，企业能够为经济带来活力，东北传统上是以国企为主，在金

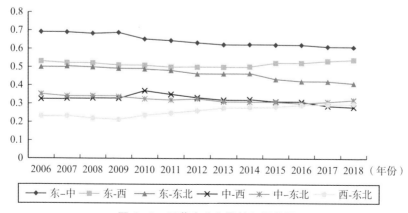

图 6-2 民营企业集聚的组间差异

融政策偏向于国企的情况下，东北的民企受到了一定的压抑。另外，东部与西部的差异性最大，东西差距依然是中国最大的差距，应该加快东部企业的转移，充分开发西部的经济资源。其次是东部与东北、东部与中部的差异较大，说明现在企业还是主要集中于东部；不过，近几年中部的安徽、河南、江西发展较快，从趋势上看，中部与东部的差距也在缩小。

（三）民企集聚与金融发展的相关性

从图6-3可以看出，金融发展总体与企业的发展具有一定的相关性，并且随着金融的发展，金融对民企的边际效应越来越高，显示了金融发展对民企集聚促进作用的变化，民企有了较大的成长。当然现实中金融发展会被一些因素影响，比如干预政策对民企成长的负面效应，有必要进行进一步的研究。

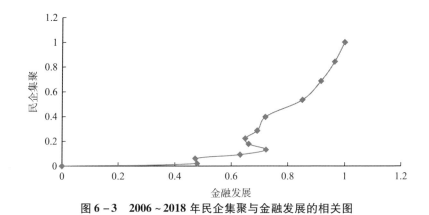

图6-3 2006～2018年民企集聚与金融发展的相关图

三、空间计量检验

本书采用Moran's I指数，在邻接权重矩阵下，对中国省域企业家的全局空间相关性进行检验，表6-4为检验结果。

表6-4 民企发展的 Moran's I 指数

年份	I	Z	P
2006	0.287	2.717	0.003
2007	0.238	2.528	0.011

续表

年份	I	Z	P
2008	0. 262	2. 509	0. 006
2009	0. 245	2. 392	0. 008
2010	0. 244	2. 397	0. 008
2011	0. 234	2. 322	0. 010
2012	0. 222	2. 226	0. 013
2013	0. 207	2. 097	0. 018
2014	0. 162	1. 705	0. 044
2015	0. 136	1. 494	0. 068
2016	0. 116	1. 341	0. 090
2017	0. 106	1. 262	0. 104
2018	0. 128	1. 413	0. 087

由表 6 - 4 结果可以发现，Moran's I 指数均为正，2014 年前通过了5% 显著性检验，以后不太显著，空间相关性变弱，其中 2017 年不显著，Moran's I 指数的显著性检验表明民企在空间分布上有显著的正向空间依赖性，另一方面也从趋势上说明各地区民企的空间依赖性逐渐降低，民企的分布有着固化的可能。

四、变量的选取

企业家精神表现为企业的发展，企业的发展属于企业的产生、迁移等方面的理论，从文献上看，对企业发展的研究大都集中于制度方面，如市场、监管等，为了突出金融在企业发展中的重要作用，参考相关文献，制定了以下指标。

1. 企业家精神（ENTit）

由于民营企业是由市场自发产生的，这里采用民营企业作为区域企业家精神。何光辉、杨咸月（2012）验证了国企民企的效率，采用民企数量作为指标之一来对比国企和民企，很多文献也将民企的数量作为一个区域民企活跃程度的重要指标，考虑到本文主要研究的是民企在区域的分布，并不是考虑民企的规模，因此这里将私营企业的数量表示，作为被解释变量。

2. 市场化指标（Marketit）

市场化是影响民企的重要因素，张时坤（218）验证了金融市场化与企业出口之间的关系，出口倒"U"型结构的原因在于金融市场化的程度不够，加快市场化可以促进企业的成长。按照文献通用的做法，这里采用王小鲁（2019）计算的市场化指数与金融发展结合起来，作为金融市场化的重要指标，这是主要解释变量之一。

3. 金融发展程度（FDit）

金融发展是一个区域内金融的丰裕度，大多数文献都采用银行贷款总额与 GDP 之比作为指标。本书认为，金融发展是民企迁移与扎根的重要变量，但是金融对民企发展的推动效果受到市场化和政策化的作用，为了强调金融的主导作用，这里采用这一指标作为主要的解释变量。

4. 政府干预（GOVit）

余明桂、潘红波（2008）等的文献中主要采用各个地区政府财政支出占 GDP 的比重作为政府的干预程度指标，本章继续沿用这一做法。政府的支出代表了政府的政策行为。政府政策的执行一方面通过行政手段，另一方面也通过对金融资源的干预，为了突出这一思想，将政府干预与金融发展一起构成交互项，作为主要的解释变量。

5. 国企投资（SIit）

国企的投资对民企的生存有一定的压力，这里采用这一指标作为控制变量，用国有企业固定资产投资除以全社会固定资产投资表示。国企投资可能是民企被挤出的一个原因，作为与金融配置共同起作用的变量，这里将其作为控制变量。

6. 法治水平（LAWit）

一个社会的法制水平主要源于法制的执行情况，文献中一般采用贪污受贿的人数来解释，数据来源于中国检察年鉴，法制水平影响企业的发展，这里将其作为控制变量。

7. 人力资本（HCit）

人力资本文献中的衡量方法很多，主要考虑人力资本衡量的层次性，本书为了突出人力资本的质量，选用毕业于高等学校的人数作为指标。人力资本是形成创新的基础，但是需要创新的过程，人力资本的丰裕度也影响民企的集聚，这里将它也作为一个控制变量。

8. 创新水平（CREit）

创新水平可以用全要素生产率，也可以采用专利指标，出于数据可得性的考虑，本书以专利授权量作为指标。专利是创新的结果，这里将其作为一个控制变量。

数据主要来源于《中国统计年鉴》《中国金融年鉴》《中国检察年鉴》，其中金融发展程度根据指标计算得到，由于数据差异性较大，这里剔除了西藏的数据，其余省份采用年度跨度为 2006 ~ 2018 年，表 6 - 5 是对变量的描述。

表 6 - 5　　　　　　　　　　　　变量的描述

变量	$ENTit$	$Marketit$	$FDit$	$GOVit$	$SIit$	$HCit$	$CREit$
mean	46.685	6.550	2.953	0.223	0.297	4.483	34 962.831
sd	55.232	1.918	1.129	0.096	0.106	0.469	58 952.292
min	1.121	2.370	0.955	0.084	0.114	3.335	97.000
max	447.100	11.204	7.620	0.626	0.559	5.973	47 808.000

资料来源：《中国统计年鉴》《中国金融年鉴》《中国检察年鉴》。

五、模型估计的结果

交互项一般可以验证两个变量同时作用的调节效应，调节效应是自变量对因变量的影响受到第三个变量的作用，从而会增强或者减弱效果。为了验证金融市场化与地方干预的效果，首先设定交互项 $FDit \times Marketit$ 表示金融的市场化，用 $FDit \times GOVit$ 表示金融在政府干预下的后果，然后用固定效应和随机效应验证金融发展对企业家精神的影响。

通过回归分析，验证的结果如表 6 - 6 所示。

表 6 - 6　　　　　　　　　　　　经典计量模型回归结果

变量	金融市场化固定效应	金融市场化随机效应	地方干预固定效应	地方干预随机效应
$FDit$	0.073 *** (5.222)	0.0629 *** (5.647)	0.162 * (1.886)	0.402 *** (5.407)
$Marketit$	- 0.085 *** (- 6.284)	- 0.105 *** (- 8.018)	0.526 *** (10.259)	0.559 *** (10.690)

续表

变量	金融市场化 固定效应	金融市场化 随机效应	地方干预 固定效应	地方干预 随机效应
$FDit \times Marketit$ ($FDit \times GOVit$)	0.892 *** (81.928)	0.914 *** (96.953)	−0.198 ** (−2.070)	−0.439 *** (−5.040)
$SIit$	0.012 (0.831)	0.002 (0.172)	0.152 ** (2.427)	0.171 *** (2.970)
$GOVit$	−0.050 *** (−2.886)	−0.015 (−1.346)	0.328 *** (2.840)	0.602 *** (6.579)
$LAWit$	0.088 *** (5.108)	0.060 *** (4.858)	0.421 *** (5.627)	0.210 *** (3.190)
$HCit$	0.138 *** (5.776)	0.068 **** (3.828)	1.163 *** (12.628)	0.907 *** (11.003)
$CREit$	0.099 *** (7.040)	0.104 *** (8.082)	0.213 *** (3.463)	0.214 *** (3.458)
$\_cons$	2.610 (0.453)	2.470 (0.009)	1.850 (0.010)	0.0334 *** (0.756)
N	390	390	390	390
R^2	0.982	0.990	0.516	0.659
F 值	5.693 ***	−	15.854 ***	−
Wald	−	26160.810 ***	−	696.102 ***
Hausman	13.250（Prob > chi2 = 0.0061）***		16.791（Prob > chi2 = 0.0000）***	

注：表中 ***、**、* 分别表示在 1%、5%、10% 的水平上显著。

（1）从 Hausman 检验结果来看，两个交互项模型的固定效应都好于随机效应，这种情况下，应该采用固定效应的结果进行解释。

（2）金融市场化时交互项的结果为正。主效应金融发展与企业家精神单独变量回归的结果也为正，且都比较显著，说明金融市场化对金融发展的确具有调节作用，按照调节作用的解释，金融市场化对于促进企业发展起到了加速推进的作用，也就是强化了金融发展推进企业的集聚与发展的效果。

（3）地方干预的交互项为负，主效应金融发展为正，按照调节效应的解释，可以看出地方干预减缓了金融发展对民企集聚的正向影响。金融市场化下市场对集聚有着负向影响，可能是金融市场的阈值过小导致的，说明过早的市场化并没有好处，扶持是必要的。金融政策化的角度下地方政府的干预有正向作用，说明适度的政府干预能够正向影响民企的发展与集聚，但是交互项为负，说明作用在减弱，也就是政府干预尽管可以短期促进企业家精神，但是从长期来看不可持续。

（4）其他控制变量来看，法制环境、人力资本与创新非常显著，说明企业家精神对环境变量很敏感，好的市场更容易吸引企业，比如法制环境越好，越有利于公平竞争；人力资本越集聚，创新越明显，企业更加青睐这样的市场。金融市场化下国企发展并不显著，但是在金融政策化条件下比较显著，说明政府引导国企扶持民企有一定的好处。

（一）空间交互项模型

企业的集聚在区域空间里是"用脚投票"的，当一个区域的金融等因素不能满足企业的要求时，企业就会离开那里。同样，一个区域的政策也会影响其他地区的民企发展情况。为了突出民企的这种空间相互作用，这里采用空间自回归模型（SAR）和空间误差模型（SEM）。

（二）结果分析

表6－7描述了SAR和SEM两种模型的回归结果，根据LM检验，空间滞后模型的检验值大于空间误差模型，应该选取空间滞后模型（SAR）为最优的模型。

表6－7　　　　　　　　　空间交互计量模型回归结果

变量	Sem（GOV）	Sem（Market）	Sar（gov）	Sar（Market）
$FDit$	0.151 ** (1.808)	0.062 ** (4.282)	0.049 (0.611)	0.033 ** (2.514)
$Marketit$	0.529 *** (10.420)	− 0.094 *** (− 6.216)	0.443 *** (9.020)	− 0.107 *** (− 8.801)
$FDit × Marketit$ （$FDit × GOVit$）	− 0.196 *** (− 2.153)	0.882 *** (82.604)	− 0.164 * (− 1.879)	0.873 *** (89.092)
$SIit$	0.137 ** (2.207)	− 0.047 *** (− 2.802)	0.132 ** (2.318)	0.006 (0.557)

续表

	Sem（GOV）	Sem（Market）	Sar（gov）	Sar（Market）
GOVit	0. 330 *** （2. 972）	− 0. 047 *** （− 2. 804）	0. 252 *** （2. 378）	− 0. 065 *** （− 4. 269）
LAWit	0. 398 *** （5. 386）	0. 087 *** （5. 519）	0. 209 *** （4. 627）	0. 066 *** （4. 343）
HCit	1. 157 *** （13. 140）	0. 150 *** （6. 680）	1. 106 *** （13. 062）	0. 131 （6. 304）
CREit	0. 223 *** （3. 760）	0. 106 *** （7. 902）	0. 305 *** （5. 200）	0. 052 *** （3. 892）
空间溢出检验	0. 192 ** （2. 046）	0. 262 *** （2. 609）	0. 337 *** （5. 349）	0. 143 *** （8. 265）
个体特异误差	0. 092 *** （13. 350）	0. 006 *** （13. 821）	0. 115 *** （13. 856）	0. 005 *** （13. 959）
LM Error（Robust）	9. 748 ***		31. 873 ***	

注：表中 *** 、 ** 、 * 分别表示在1%、5%、10%的水平上显著。

（1）空间相关性充分说明了企业同样与金融发展存在正向作用，主效因变量中无论金融政策化还是市场化，金融发展与企业家精神都存在显著的正向空间相关效应，这说明地方干预与金融市场化在空间上同样并没有阻止企业家的集聚。从系数上看，加入空间因素以后，地方干预对金融发展的边际效应阻碍作用变小，系数由 − 0. 198 到 − 0. 164，说明在政府干预的空间作用下，金融有可能会扶持本地企业，对本地企业产生较小的负向影响。金融市场化在空间模型下变小，主要是当前金融改革，各个区域都加速了金融市场化过程，这种竞赛效应减弱了金融市场化的效果。

（2）与经典模型相比，国企投资依然在政府干预下帮助民企集聚，但是在金融市场化情况下对区域企业家精神发展的影响不显著。通过对比空间面板数据和基本面板数据发现，空间面板结果中的系数要比基本面板的系数大很多，这说明政府干预下国企对区域企业家精神的拉动程度变大，对邻接区域产生吸引作用。

（3）空间视角下人力资本对企业家精神的影响仍然显著，这与戴维森（Davidsson）和霍尼（Honing）所检验的地区人力资本越丰富，企业家的数量也会越多一致，人力资本是企业集聚的重要原因。

（4）创新水平对民营企业的发展依然具有显著的正向作用，说明创新水平在考察期内对企业发展起着较大的作用，是影响企业发展的一个关键因素。创新可以帮助企业家研发出满足市场需求的新产品，为潜在的企业家提供更多可开发的商业机会。

（5）空间相互作用的条件下法制环境仍然非常显著，显示了现代企业对法制环境的重视，较好的法制环境可以带来企业稳定、长期的发展，为企业减少交易费用，在空间竞争的环境下，法制也是区域之间竞争的重要着力点，当前的扫黑除恶、惩治贪污腐败等，释放出了更多的企业活力，验证了法制环境在空间竞争中的作用。

总体来看，金融的市场化具有正向的调节效应，金融政策化具有负向的调节效应，说明从长期来看，金融的市场化是企业长期健康发展的保证。不可否认，在企业家精神比较弱的区域，比如西北地区，企业发展需要适度保护，给予一定政策性的金融资源倾斜，让企业为区域经济带来活力，创造更多的就业机会，但是从长期来看，毕竟市场化才是新时代改革的方向，金融政策化应该及时退出，逐渐让企业在市场中锻炼成长。

在大众创业、万众创新的时代背景下，金融发展催生了数量众多的市场新生力量，促进了企业的大力发展。本书基于 2006～2018 年省际面板数据，运用金融市场化与金融政策化的调节效应，验证了金融发展对企业家精神发展的促进效应，从结论上看，金融市场化对企业家精神的发展具有长期的增强效应，金融政策化则对民企发展具有一定的减弱效应。尽管从单项来看，市场化和政策化下金融发展主效应都对民企发展具有重要的推动作用，但是由于交互项的拐点效应，市场化与政策化在长期具有不同效果，政策化早晚会走上减弱的路径。根据验证的结果，我们建议：

1. 强化新时代金融市场改革，减少政府在金融资源配置过程中的政策干预

在改革中提高金融供给侧对市场需求变化的敏感度，完善国有商业银行的市场化驱动机制，消除银行对私营企业的信贷歧视现象，要给予有潜力的企业更广阔的发展空间，发挥市场在金融资源配置中的决定性作用。同时重视市场的制度建设，规范市场秩序。我们验证各个模型中市场化都与企业发展具有正向作用，必须坚持用市场化的手段促进金融企业的相互竞争，为新时代企业的活力提供保证。

保护性的金融政策应该在适当的时候退出，避免长期的金融保护政策，当然也应该看到，保护政策对企业也是有利的，短期内为了扶持本区

域的企业成长，金融保护政策还是必需的。

2. 强化新时代的法制建设，继续建设清净公平的市场环境

实证证明，无论是空间计量还是经典的模型，都验证了区域企业家精神与市场法制建设之间的正向关系，说明企业渴望公平有序的环境。地方政府应对贪污受贿行为加大惩罚力度，打击扰乱市场的行为。从制度上进一步加强法治建设，完善对企业家创业活动相关产权和合法收入的保护措施，加大案件执行的力度，消灭权力的寻租机会。

3. 引导企业在新时代进行更多自主创新

人力资本和创新水平都会对民企的发展起着重要的作用。因此，注重对研发创新的投入，政府应对企业家的创新活动提供相应的政策和资金支持，鼓励企业家创新研发的同时完善知识产权保护政策，做到创新成果产权化、知识产权市场化，提高区域综合创新水平；同时实证证明，企业对创新的促进显著，对人力资本则不够显著，显示了企业不愿意进行自主创新的惰性，应积极引导企业的自主创新，更加注重人才的引进、人才与企业研发的结合，提高知识的转化水平，让丰富的人力资本成为企业家创业的坚实基础。

小　　结

可以看出，我们国家微观的融资制度环境还需要进一步规范。相比20世纪80年代的时候，曾经对乡镇企业的异军突起感到"惊喜"，这种"惊喜"的另一面就是对于企业家的崛起还没有做好充分的准备，在企业家队伍崛起之后，需要采取摸着石头过河的思路，在制度环境方面加强建设。

我国在资金退出的法律以及金融环境方面还有很多工作要做，金融制度供给不足造成了我国创业环境方面的不足，对企业家融资造成了一定的困难。因此，加强资金退出渠道的建设对于投资人投资与企业家融资都有很大的迫切性，我们国家应该在这些方面进行加大法律建设力度，尽早完成对于资金退出渠道的各方面制度的完善。

同时，应该推动意识形态建设，推动集体行动，对腐败行为、搭便车行为从制度上堵住漏洞，形成人人反对、人人负责的良性循环，推动制度的完善和健康运行，为企业家融资营造良好的制度环境。

第七章　企业家融资与创新的经验分析

第一节　理论与区域创新现实

一、创新与融资相关的文献

1. 债务融资与治理相关的检验

唐清泉和巫岑（2015）认为当银行融资作为负债融资时，对于企业的研发投资并不一定是不利的。此外，他们还将 2002～2009 年的 A 股上市公司作为研究对象。唐清泉和巫岑发现，当银行从一个垄断的市场机构转变为一个有竞争力的市场结构时，银行融资有助于缓解企业创新投资的融资约束，尤其是中小企业的融资约束。

刘督、万迪昉、吴祖光（2015）研究了上市公司债务融资的治理作用，以创业板制造业在 2009～2012 年研究和开发活动为研究对象，并指出，企业债务融资的整体水平对发明专利的数量和 R&D 投资之间的关系具有重大的积极的正向影响。与长期负债相比，短期债务融资在这方面发挥了更积极的作用。这一发现支持了债务缓解机构问题的理论，并进一步揭示了短期债务可以更有效地缓解代理问题。

2. 股权融资与创新的相关检验

胡艳和马连福（2015）以创业板公司在 2010～2012 年的数据作为样本数据，实证分析高管激励组合、融资约束与创新投资的关系，实验发现融资约束与创新投资呈现负相关关系，受融资约束的影响，高管薪酬与创新投资之间的正相关关系受到约束。

石璋铭和谢存旭（2015）通过选取 2010～2013 年战略性新兴行业上市公司的数据，并利用面板量化回归进行实证分析，得出新兴产业的战略创新确实受到了更严重的融资约束的不利影响的结论。

易也峨和李谢（2015）把从 2003～2008 年我国民营企业作为研究样本，测试结果表明，排除了政治相关因素的影响，融资约束程度和创新效率的变化方向是相同的，这可能是过度投资引起的。因此，融资约束的严重性对创新的效率有一定的刺激作用。

陈艳和杨鹏程（2015）发现二元融资的资本可用性和资本成本约束共同阻碍了科技中小企业的投资与发展。提升现金持有水平可以缓解科技中小企业资金的融资约束，而政治联系可以降低以技术为基础的中小企业的资本成本，缓解资本成本融资约束。通过政府参与或国有控股建立的强有力的政治联系，资本成本融资约束的治理作用更有效。

何丹（2015）以 2009～2013 年 A 股市场上市公司的微观数据为样本，得出 R&D 投资与企业当前经营绩效存在负相关关系，但存在滞后性；研发投资对企业价值有显著的正向影响。融资约束对研发绩效有显著影响。融资约束在研发投资的运营绩效影响方面相当于一个"扩张助推器"的作用，但对研发的长期绩效有显著的正向影响。赵玮（2015）利用 2006～2013 年战略性新兴产业的微观数据发现，政府研发资金是平稳的，但并没有完全抵消融资约束对研发投资的负面影响。战略新兴产业的研发投资仍存在缺口。平均 4 家企业中有 1 家的企业，政府研发资金对研发投资的积极影响大于融资约束的负面效应。它还能说明，政府的研发资金激励效应在企业中具有显著的异质性。

3. 融资偏好对创新行为的影响

李春涛、郭培培、张璇（2015）根据世界银行的数据（该数据对 61 个国家和地区 2 万多家企业进行调查得来），分析了不同融资渠道对创新的影响，包括内部融资、银行融资、股权融资等。得出的结论是，与股权融资相比，内部融资和银行融资可以显著促进企业创新。陈昆玉（2015）用 592 个来自不同行业的中国 A 股上市公司作为随机抽样的样本数据，数据采用了 2001～2010 年为检验期间和 2007 年会计准则作为边界，分析了在不同时期内的融资受到技术创新能力的影响程度。结果表明：企业的技术创新能力越强，对内源融资的偏向越强。

孙早和肖利平（2016）认为，2010～2012 年，以中国 A 股上市公司为样本，发现内部融资对战略性新兴产业上市公司自主创新具有显著的正向影响。战略性新兴产业上市公司股权融资与自主创新存在显著正相关关系；债务融资对战略性新兴产业上市公司自主创新具有约束作用。在企业自主创新上，不同产权的企业融资结构存在着一定的差异。此外，企业集团管理也在很大程度上影响了企业融资结构与自主创新之间的关系。张一林、龚强、荣昭（2016）分析了银行贷款和股权融资技术创新的不同机制。研究结果显示，要在技术创新中发挥股权融资的重要支撑作用，必须建立良好的制度环境，充分保护投资者的权益。该研究进一步发现，在为技术创新提供资金支持时，政府应该直接向企业提供研发补贴，而不是提供风险担保给金融机构。

刘政、陈晓莹、杨先明（2017）在世界银行的"中国企业调查"数据的基础上得出结论：融资多元化促进了中国企业的创新，支持企业融资秩序的假说。罗军（2017）研究表明，OFDI 在促进民营企业技术创新方面发挥着重要作用，具有不同的融资约束。随着融资约束的放宽，对外直接投资在促进技术创新方面的作用逐渐增强。当投资目的地为发达国家时，对外直接投资在促进私营企业技术创新方面发挥更大作用，而融资约束对技术创新没有明显的负面影响。在转型期和发展中国家进行投资时，对外直接投资对促进私营企业技术创新的影响较小，融资约束将严重阻碍技术创新。

张璇等（2017）通过世界银行 2005 年对中国企业的调查，可以发现融资约束可以显著抑制企业的创新。当企业遭受信贷的寻租行为时，融资约束对企业创新的约束更强。在对替代融资约束指标的稳健性检验和利用工具变量和 PSM 方法弱化信贷寻租和融资约束的内生问题进行稳健性检验后，上述结论仍然成立。发现信贷寻租的抑制效应加剧了企业创新的融资约束，对中小企业、民营企业和资本密集型企业尤为突出。

柴玉珂（2017）在总结 1 177 个创业板上市公司的融资经验后，得出以下结论：首先，债务融资水平与创新绩效呈正相关关系；股权集中度与创新绩效呈负相关关系；股权平衡与企业创新绩效呈正相关关系。其次，债务融资结构的负债与资产比率越高，R&D 投资的强度越低。最后，研发投资对促进创新绩效起着积极的作用。在模型中，还进一步使用了债务水平的交叉项和 R&D 投资强度。研究发现，较高的研发强度投资对于债务融资来说，会有较好的企业创新绩效和较好的融资结构，研发投资的相互作用对创新绩效有显著的影响。

二、已有文献的总结

通过对国内外相关文献的回顾和总结，我们可以看到，对于融资结构与企业创新之间的关系是没有一个最终的结论的，哪怕是相同的研究视角也有可能会得出相反的结论。而造成这种差异的原因有很多，最有可能的有以下两点：

（1）国情的不同。结合文献发现，不同的国家、不同的发展水平会得出不同的结论，在我们这个处于社会主义初级阶段的典型发展中国家，市场经济体制、金融资本市场和产权制度都还不够完善，融资条件约束会使得企业在创新时更倾向于选择内生融资。

（2）研究视角不同。企业的创新绩效是会受到很多因素的影响和制约的。从大的方面来看，国家法律制度、市场环境、教育制度等方面都将影响国家的创新环境。更具体地说，产业的发展阶段和产业集中度、市场环境等方面将影响产业的创新。从更小的方面看，企业的创新发展前景是由一个企业的发展规模、资本结构、发展战略、企业领导和员工素质等因素决定的。这些因素相互影响，从而决定了企业的创新能力。不同的学者从不同的角度出发得出了不同的结论，虽然研究的视角是相同的，但如果研究对象、模型选择、数据收集和个人知识结构等方面不同也是可以得出不同的结论的。正是这些不同扩大了我们的研究领域，促进了理论研究，指导了测试理论的实践。

三、我国经济内核的嬗变

熊彼特（Schumpter，1947）在《经济发展理论》中指出，创新由首创企业家发起，产生经济利润，然后引起更多的企业家进行模仿，导致企业家群体的兴起，他认为这是经济周期发生的主要原因。但是熊彼特忽视了现实中空间因素以及禀赋因素的存在，事实上，由于区域制度、人才优势、地理空间的限制，创新实际上存在着一种区域中的差序格局。为此，库克（Cooke，2001）提出了"区域创新系统"的思想，认为由于空间距离的存在，创新呈现出区域性，在特定区域内，高等教育与研究机构提供了研发创新，企业家存在着对创新的需求，二者共同形成了区域创新系统，创新系统的内在引力，吸引了企业家的区域性集聚。

改革开放以来，随着我国经济步入新常态时期，金融发展对区域创新系统的形成也起到了重要的作用。家庭储蓄上升，让我国金融呈现出前所未有的发展态势，金融发展犹如甘泉对企业家精神进行着灌溉，使更多人愿意用投资来改善生活、实现梦想，企业家精神也得到了一定程度的释放：一大批富有冒险精神的企业成长起来，但是从层次上说，一开始创新的层次并不高，更多是模仿西方淘汰的产业，利用 OEM 生产承接这些产业的转移，创新的租金远远不够。

进入新常态后，我国经济逐渐形成了区域的创新格局，改革开放的前沿城市由模仿逐步转化为创新，在全球产业布局占据领头的位置，创新租金高，利润空间更大，对创业资金的需求也更高，因此，金融发展对企业家精神的发展也更加起作用。

但在当前，出于综合性的因素考虑，一些体制上的问题还不能马上解决，造成了我国金融机构在经营上难免受到一定程度的干预。由于条块分割导致的所有制偏好，客观上使得我国金融资源更多地流向国有企业。这种资源分配的非均衡性客观上造成区域的企业家精神得不到鼓励，对于企业向创新区域的集聚和创新的溢出效应构成了一定的阻碍作用，本书基于新常态创新对经济引领作用的特性，分析金融发展和金融的非均衡性在区域创新系统中的作用。

1. 从改革开放的"窗口"到创新空间的转变

改革开放后，由于区位和制度放松红利，南方的一些试验区成为技术引进的桥头堡，在国内需求的巨大推动下，深圳、广州这些城市带动整个珠三角，形成了技术引进的集中区域。南方区域对国外技术的模仿，分享了创新的红利，并按照雁阵模式带动了国家的发展（庄子银，2003）。钟章奇和王铮（2017）指出，不同空间不同时期内，企业家的构成有着很大的差异，在初期，由于与国外技术的差异，我国企业家对国外技术的模仿、学习就是创新。

随着改革开放的深入，更多的区域享受制度放松的条件，模仿开始逐步扩大，企业家一方面逐渐向内地转移，另一方面规模扩大，在各个区域内开展平行的发展。

进入新常态经济后，我国很多技术开始走到世界的前列，一些知识集中、人才集中的区域在技术上具有了极点的生态位。原来平行引进技术的格局逐渐演化为创新的集聚和雁阵分布格局，由创新区域的引力效应形成的企业集聚格局逐步形成，这类似于克鲁格曼（Krugman，1990）的核心—外围研究框架，先进区域成了库克意义区域创新系统，阿希姆和伊沙卡森（Asheim and Isaksen，2002）进一步指出是由企业部门和科研机构、高校等着组成的研发系统，支持者区域创新的可持续性。陈昭等（2017）将 2008 年作为新常态的分界点，指出 2008 年以后，创新城市开始崛起，上海、深圳、北京等城市作为创新极，逐步构建了区域的创新差序格局。部分学者对这一思想在新常态中国的表现进行了验证（如苏屹和雷家骕，2016；魏江和向永胜，2014），显示了我国经济正逐步走向区域创新引领的经济。

2. 创新是企业家集聚的内在原因

企业家集聚表现为人财物的流动，必然是由一定的溢出效应决定的。改革开放初期，信息、先进技术的引进是企业生存的根本，自发创新对企业来说大多承受不起，因此，许多企业放弃了研发、推广，多数是以代工的形式生存。这种格局对金融的甄别功能要求不高，简单的贷款、融资就可以帮助企业解决困难。

进入新常态以后，创新成为企业生存的根本，按照熊彼特的理论，原创性的创新引发了更多次级的创新，每个企业都在依靠自发的创新生存。在生态上，找准在创新链上的定位成为企业发展的根本需求，而这种创新生态位的定位和研发启动等都需要金融不能局限于原有的贷款和融资方面，应该更深入进行金融的甄别，特别是对企业家创意的理解方面有一定的突破。

理论上，菲斯利德和奥塔维奥（Forslid Ottaviano，2003）按照克鲁格曼的模型构建了企业家在跨区域进行流动的企业集聚理论；米尔克里斯（Meierrieks，2014）通过对 51 个国家样本进行研究，发现从微观领域金融发展的程度与微观企业创新有着一定的联系，解维敏和方红星（2011）对国内情况的研究也证明，金融发展的确支持了企业的研发。

3. 融资状况影响了创新的差序传播

国内外学者主要从两个视角研究融资问题，一方面是政府干预，政府干预表现为政府对国有企业、重点扶持企业的补贴（Hsieh Klenow，2009）以及一些针对大企业的优惠税收政策（Guner et al.，2008）。格雷戈里亚和庞塞（Guariglia and Poncts，2006）指出中国的金融市场受政府干预很严重，具有政治性的制度变迁特点，而这种政治性的制度会使中国金融市场的发展偏离由微观金融引导的自下而上的发展，而是形成一种由中介尤其是政府中介为主导的发展模式，并呈现区域性、阶梯性差异。黎精明等（2010）提出，地方政府给国有企业或大型企业进行补贴，进一步降低国有企业生产成本，引发国有企业滥用资金，过度投资。

另一方面是利率体制缺陷，卡尔和徐（Cull and Xu，2003）指出利率的二元化，国有企业利率低，而民营企业得到的市场利率高，类似的研究还有宋（Song，2008）、鲁晓东（2008）认为我国的金融体制虽然不断进步，但仍然是国有主导型的金融体系，这使得国有企业依旧能得到政府强有力的金融支持，而快速发展的非国有经济却面临信贷不足的困境，影响了经济发展的整体效率。

融资非均衡性在新常态下影响了企业家精神。林毅夫（2004）指出，我国宏观政策与资源配置之间的改革机制并不匹配，国有企业享受更多的政策性的贷款和补贴，但国有企业的效益并没有因政策和补贴而增加，反而呈现出总体偏低且不断下降的趋势。克莱森斯和佐乌米斯（Claessens Tzionmisk，2006）指出中国 75% 的企业家认为主要的困难在于金融资源的约束。机制上，余婧（2012）在对我国国有企业和民营企业商业信贷情况进行调查，发现商业信贷可以提高金融市场的资金配置效率。不可否认，金融的管制曾经有助于国家在经济发展初期集中有限资金创办发展优势企业，从而促进经济增长，但长期的金融非均衡性就会造成资源利用率低和经济结构失衡等问题（康志勇，2014）。

由上面文献的梳理可以看出，新常态下企业家精神的内在联系已经不是原来简单的派工关系，而是由原始创新、次级创新等引起的区域差序格局。在这种企业家集聚的内在联系中，金融发展和金融分配的非均衡性会影响到创新在产业链中的传播，影响企业家精神在新常态下的发掘，甚至会将企业锁定在古典状态，难以实现代工向企业创新的转变。

从经验的实证得出，企业家与投资人的结合的确影响区域的创新活动，在现实中，一方面，融资提高了企业家对创新的贡献，另一方面为人力资本的研究指明了方向，从空间视角提升了对人力资本引致创新的理论关注。同时看出尽管个人可支配收入越高，应该更有可能进行创新，但是如果缺乏企业家精神的情况下，个人可支配收入的提高会导致社会的过度谨慎，负面地影响了企业家的创新活动。

第二节 融资与创新的关系检验

一、空间计量模型的选择

空间计量模型有着状态空间模型和面板数据模型所没有的优点，主要是状态数据模型和面板数据模型只能对古典状态和不同的数据所在的截面进行相互分析，疏漏了空间之间的变量关系，对于变量的溢出效应，面板之间的相互影响效应，难以作出更为贴切的分析。虽然面板也能分析一定的时空效应，但是以截面之间的相互不干扰为前提，事实上，空间之间相互流动、要素之间的溢出，都使得空间之间有着一定的非同质性。企业家创新和融资之间都存在这种相互交融、空间选择的效应，一方面企业家在不同的区域寻找盈利的机会，创新推动区域的发展，另一方面资本也在不同空间寻找有潜力的企业家，获取巨额利润。这些效应在一般的面板中难以表现出来，因此，这里选择了空间计量模型，对企业家精神在空间上的表现进行验证。

二、变量的选择

企业家创办企业是在一定的空间范围内开展的，而几乎所有的空间数据都有空间自相关的特征（Anselin，1988），因此在研究企业聚集时不能忽略空间相关性的影响。但是大部分文献在衡量企业聚集时只考虑独立区域内的因素对企业创立的影响，忽略了这些因素的相互依赖和相互影响的作用。比如高波（2007）、博斯玛等（Bosma et al.，2011）、韩磊（2017）、尼斯特罗姆（Nystorm，2008）、欧雪银（2013）、李杏（2011）等学者从文化环境、制度环境、区域环境和经济因素等方面研究对企业家精神创立企业的影响因素，但只是将相关因素在相互独立的各个地区来考察，并没有考虑到空间自相关的影响，研究结果可能会存在偏差。此外，企业发展不仅受到区域位置的影响还受到相邻企业家创业行为的影响，对企业创新的影响因素具有空间相互依赖性，忽略了这一原因也可能对计量结果产生影响。基于上述原因，本书采用空间计量模型来分析创新与融资等在空间面板角度下的关系。

（一）被解释变量

创新水平（CRE）。虽然对创新水平没有统一的度量指标，但大多数文献中采用专利这一指标，为了避免无效专利对数据的影响，本书使用专利授权量来衡量省域创新水平。

（二）解释变量

1. 企业家集聚（ENT）
已有的文献中主要的测度指标有自我雇用比率、企业所有权比率、企业数量、企业进入率和退出率等。由于缺乏对企业家定量分析的数据，因此本书选用私营企业户数来度量企业家的集聚数量。

2. 融资程度（FD）

本书沿用金融发展的指标，即大多数文献使用的银行贷款总额与 GDP 之比来作为观察变量。

3. 金融非均衡配置（FM）

对金融非均衡程度的衡量标准有企业的资金成本与所处行业的平均资金成本的偏离程度（邵挺，2010；成立为，2015）、国有商业银行信贷占银行总信贷的比例（鲁晓东，2005）等。本书采用国有企业固定资产投资占全社会固定资产投资的比例作为金融非均衡的程度。

（三）控制变量

1. 政府干预（GOV）

政府的税收、补贴行为对该地区企业聚集具有深远的影响，本书采用各个地区政府财政支出占 GDP 的比重来反映。

2. 法治水平（LAW）

法治水平对企业家聚集会产生一定的影响，一般采用法庭结案率的指标表示（卢峰和姚洋，2004）。或者采用各省立案的贪污受贿的人数作为度量指标（高远，2010），本书借鉴高远的度量方法，采用各省立案的职务犯罪的案件数来度量该地区的法治水平。

3. 经济发展水平（GDP）

本书利用人均地区生产总值作为该地区经济水平的度量变量。

4. 人力资本（HC）

人力资本是企业创业的根本，是企业创新的源泉，衡量人力资本的指标有入学率、受教育程度、受教育年限等，本书用高等学校毕业生人数这一指标。

（四）空间权重设置

为了更加全面、细致地研究创新、金融发展与企业聚集的关系，本书采用邻接空间权重矩阵形式。其中，邻接空间权重矩阵（W_1）中的 W_{ij} 表示 i 和 j 在空间上相邻取 1；不相邻取 0。

（五）数据来源

本书所用的样本为我国 30 个省份（不包含西藏以及港、澳、台地

区），样本数据来自 2006～2018 年的《中国统计年鉴》《中国金融年鉴》
《中国检察年鉴》。

三、回归结果分析

（一）经典计量模型

首先，不考虑空间因素，分别采用最小二乘估计、固定效应和随机效
应估计方法实证检验金融融资对企业家精神的影响，表 7-1 报告了三个
模型的回归结果，三种模型的拟合度都很高，且 F 值和 Wald 值均通过了
1% 的显著水平检验。但通过豪斯曼检验的结果来看，在 1% 显著水平下拒
绝固定效应与随机效应无差异的假设，因此选择固定效应更为合适。此
外，从回归系数来看，三种模型中，融资对企业家创新起着重要的引领作
用，融资更加发达的区域，企业家创新程度较高。

表 7-1　　　　　　　　　　经典计量模型回归结果

变量	OLS	固定效应	随机效应
lnFD	6 957.139 * （1.92）	6 651.044 * （1.80）	6 957.139 * （1.92）
FM	−178 582.3 *** （−3.02）	−160 425.7 ** （−1.78）	−178 582.3 *** （−3.02）
GDP	−0.2465185 （−1.48）	−0.21807 （−1.30）	−0.2465185 （−1.48）
GOV	7 749.119 （0.11）	24 562.99 （0.27）	7 749.119 （0.11）
LAW	41.92871 *** （11.4485）	64.368 *** （3.95）	41.92871 *** （3.66）
HC	37 076.92 *** （5.35）	34 740.49 *** （4.97）	37 076.92 *** （5.35）
_cons	−146 503 *** （−3.25）	−171 877.9 *** （−3.60）	−146 503 *** （−3.25）
N	390	390	390
R^2	0.889	0.889	0.890

变量	OLS	固定效应	随机效应
F 值	—	480.95***	—
Wald	—	—	2 970.76***
Hausman		41.67***	

注：***、**、*分别表示在1%、5%、10%的水平上显著。

政府干预对创新并不显著，可能初期企业家对政府干预有一定的依赖，这种依赖降低了企业家的竞争力，并不利于企业家成长。人均 GDP 的回归系数也不显著，说明一个地区的金融和经济发展水平越高，企业家创新并不一定越活跃。另外，人力资本和法治环境对企业家创新起着正向作用，而且非常显著，显示了企业家精神对人力资本和法治环境的要求。

（二）空间计量模型

企业创新受到诸多外部因素的影响，同时根据新经济地理学的理论，企业家的创业活动也具有空间外部溢出效应，本书分别设置了空间自回归模型（SAR）和空间误差模型（SEM）考察空间外部性对企业家集聚的影响。

1. 空间自回归模型（spatial autoregression，SAR）

$$CRE_{it} = \beta_0 + \beta_1 FD_{it} + \beta_2 FM_{it} + \beta_3 PGDP_{it} + \beta_4 LAW_{it}$$
$$+ \beta_5 HC_{it} + \beta_7 GOV_{it} + \rho W_{E_{it}} + \varepsilon_{it} \tag{7-1}$$

式（7-1）中，各量的上标表示空间自回归模型的量，下标 i 指省份，t 为时间；E_{it} 为企业家集聚，CRE 为创新水平，FD 为金融发展水平，FM_{it} 为金融配置不均衡，$PGDP$ 为经济发展水平，GOV 为政府干预程度，LAW 为法治发展水平，HC 为人力资本水平，$W_{E_{it}}$ 为 E_{it} 的空间滞后变量，反映空间距离对企业家集聚的影响；ρ 为空间自回归系数，反映样本观察值之间的空间依赖作用；$\varepsilon_{it} \sim (0, \sigma_{it}^2)$，为正态分布的随机误差量。

2. 空间误差模型（spatial error model，SEM）

$$CRE_{it} = \beta_0 + \beta_1 FD_{it} + \beta_2 FM_{it} + \beta_3 PGDP_{it} + \beta_4 LAW_{it}$$
$$+ \beta_5 HC_{it} + \beta_7 GOV_{it} + \rho W_{E_{it}} + \varepsilon_{it} \tag{7-2}$$
$$\varepsilon_{it} = \lambda W_{\varepsilon_{it}} + \mu_{it} \tag{7-3}$$

式中，$W_{\varepsilon_{it}}$ 为空间滞后误差项，λ 为空间误差系数，衡量空间依赖程度，如果 λ 显著不为零，则表明还存在其他因素构成了残差项，这说明各地区之间的企业家集聚存在互相影响。$\mu_{it} \sim (0, \sigma_{it}^2)$，为正态分布的随机误差项。与 SAR 不同的是，SEM 中的空间依赖性存在于误差项中，它度量了相邻地区的企业家集聚的影响因素对本地区企业家集聚的影响程度。

表 7 – 2 描述了 SAR 和 SEM 两种模型在三种权重矩阵下无固定效应的回归结果，根据空间相关性、两个拉格朗日乘数和显著性检验，选取空间误差模型（SEM）为最优的模型。

表 7 – 2 空间计量模型回归结果

变量	SAR	SEM
FD	4 490. 469 *** (1.95)	5 969. 871 * (1.80)
FM	– 81 592. 12 (– 1.43)	– 72 387. 19 (– 1.10)
GDP	– 0. 2426205 (– 1.59)	– 0. 2519631 *** (– 1.60)
GOV	– 97 017. 89 (– 1.44)	– 130 680. 2 (– 1.31)
LAW	29. 8122 *** (2.61)	36. 17809 ** (2.31)
HC	26 963. 68 *** (4.15)	27 432. 18 *** (3.64)
N	390	390
rho	0. 3900 ***	
lambda		0. 4239 ***
LM Error	82. 94 **	117. 65 ***
Rubust LM Error	112. 75 ***	164. 367 ***

注：*** 、** 、* 分别表示在1%、5%、10%的水平上显著。

（1）从 rho、lambda 等统计变量来看，式（7 – 1）、式（7 – 2）均有较好的拟合度，这表明空间计量模型对企业家精神变化具有较好的解释能力。但是按照 LM 误差检验，得出 SEM 模型好于 SAR 模型，因此采用 SEM 模型。

（2）空间误差模型 SEM 中，融资程度对企业家创新具有显著的促进作用。这反映了新常态下融资发展对区域企业家精神发展的重要作用，金融资源是企业家获取创新的决定性因素。一个地区的融资程度越高，银行和投资家越活跃，企业就可以享受到更多的融资渠道和更低的融资成本去获取创新资源，有利于降低企业家创业过程中流动性资产约束的可能，从而有利于企业家创新活动的发展。

（3）金融错配影响了企业家创新。我国金融配置不均衡是我国企业家融资面对的主要问题，不平衡很大程度上是由国有商业银行结构性配置不均衡引起的，国有商业银行国有独资的性质使其信贷活动既有商业银行的理性又有国家层面的非理性，形成资本扩张的牵制性因素。因此，①要在供给侧结构改革中加快金融市场改革，减少政府在金融资源配置过程中的行政干预导致的要素扭曲，提高金融供给侧对市场需求变化的敏感度，完善国有商业银行的市场化驱动机制，消除银行对私营企业的信贷歧视现象，要给予有潜力的民营企业更广阔的发展空间，发挥市场在金融资源配置中的决定性作用。②打破银行在信贷市场的垄断地位，扩大直接融资的比例，优化企业债务和股本结构，提高股权融资比例，丰富企业的融资渠道，为中小企业的发展提供资金保障。③金融市场化需要以完善的信用体系为保障，要建立健全社会信用体系，尤其是企业信用制度，利用网络平台提高企业信息的透明度，探索政府为信用度高的小微企业担保贷款的模式，为小微企业提供更多的发展机会。

（4）人力资本对企业家创新具有正向作用，这表明一个地区人力资本越丰富，创新活动也会越活跃（Davidsson and Honig，2003），这是因为人力资本可以帮助企业家对知识的整合和利用，有助于企业家识别商机和获取商业资源；另外，一个地区的人力资本越多，潜在的企业家受到人力资源约束的可能性越小，促进潜在企业家产生创业意愿。

（5）从模型 SEM 中可以看出政府干预对企业家创新作用不显著，这可以解释为在空间范围内，政府的父爱主义短期内形成对本地企业家的保护，但是长期效果不明确，特别是对创新影响不明显，减弱了企业家竞争力。这也在一定程度上显示了我国招商环境的内卷性，政府为了本地企业千方百计地干预金融，让企业难以获得公平发展的环境，短期内对本地企业有利，但是长期造成企业难以"走出去"。

大众创业、万众创新的蓬勃兴起，催生了数量众多的市场新生力量，促进了观念更新、制度创新和生产经营管理方式的深刻变革。从实证研究发现，融资程度对于区域创新系统的形成起着重要的作用。在创新活动中，不断产生次级创新需要较大的融资活动，融资成为创新的必备条件，只有通过融资，企业家才能凝聚人力物资资源，承接区域创新的组装、零配件生产以及设计变革等活动，在以创新为内在纽带的经济活动中，融资起着重要的作用。

创新是企业家主要使命，要进一步加强法治建设，完善对企业家创业活动相关产权和合法收入的保护措施，加大反腐倡廉的力度，减少企业家的寻租机会和寻租成本；注重对研发创新的投入，政府应对企业家的创新活动提供相应的政策和资金支持，鼓励企业家创新研发的同时完善知识产权保护政策，做到创新成果产权化，知识产权市场化，提高区域综合创新水平；更加注重教育，在保证教育普及的同时做好教育的深化，提高区域人口素质，让丰富的人力资本成为企业家创业的坚实基础。

第三节　负债、补贴与企业家创新

一、负债企业的微观现实

中国经济自"十三五"规划以来，经济发展由原来的高速发展转变为中高速发展和高质量发展，经济增长由生产要素驱动转变为创新驱动。习近平总书记十九大指出，"创新是引领发展的第一动力，是建设现代化经济体系的战略支撑"。① 党的十九届五中全会进一步明确指出，应当"坚持创新在我国现代化建设全局中的核心地位"，同时也指出"当前中国还存在创新能力不适应高质量发展要求"的问题，这也对企业创新提出新要求。②

企业是经济活动的主体，也是创新活动的主体。企业财务杠杆过高不仅会增加企业债务成本，抑制企业创新，扭曲企业创新激励；而且会加剧杠杆和创新投资风险，增加企业破产风险。政府为了缓解企业债务负担过

---

① 《决胜全面建成小康社会 夺取新时代中国特色社会主义伟大胜利——习近平同志代表第十八届中央委员会向大会作的报告摘登》，载于《光明日报》，2017 年 10 月 19 日 02 版。
② 《中共中央关于制定国民经济和社会发展第十四个五年规划和二〇三五年远景目标的建议》，中国政府网，http://www.gov.cn/zhengce/2020-11/03/content_5556991.htm。

重的压力，通过对企业进行财政补贴来增加企业创新活动投入，以提高企业的创新效率和绩效。近几年来，随着政府产业政策的推出，企业得到的财政补贴规模越来越大，覆盖面也越来越广。2010 年中国所有的上市公司得到的财政补贴总额约为 381 亿元，平均每家公司补贴数额约为 0.21 亿元，而到了 2017 年，所有上市公司得到的财政补贴总额从 381 亿元增加到 1 302 亿元，相较 2010 年增长了 3 倍多，平均每家公司补贴数额也增加从 0.21 亿元到 0.39 亿元；与此同时，财政补贴的覆盖范围也越来越大，2010 年获得财政补贴的上市公司约占上市公司总数的 89%，而到 2017 年这一比例已升至 97%，基本上覆盖了所有的上市公司。但是财政补贴在财务杠杆和企业创新两者中所起的作用是什么，以及财政补贴处于不同水平在财务杠杆和企业创新之间所起到的作用是什么？这都需要进一步分析。

二、文献综述与理论假设

（一）企业财务杠杆对企业创新的影响

企业财务杠杆以及负债与企业创新的文献中，大部分是实证文献，且运用构建模型的方法进行研究。关于企业负债杠杆对于企业创新的影响，国内外文献中的研究对不同对象所得的结论是不同的。国外文献研究债务压力对企业创新的正向与反向并不一致：巴加特和韦尔奇（Bhagat and Welch，1995）发现，美国企业的负债比率和创新投资之间存在显著的反向关系，而日本企业的负债率与创新投资之间则存在显著的正向关系。彼林思和弗赖伊（Billings and Fried，1999）研究结果表明，公司资本结构中的债务比例对创新投资起显著的反向作用。乔（Chiao，2002）研究结果表明，在高科技企业中，企业负债与创新投资之间存在显著的反向关系，但是在非高科技企业中，企业负债与创新投资之间存在显著的正向关系。穆勒和斯莫曼（Muller and Zimmermann，2009）基于德国企业的样本数据，实证检验了企业杠杆率会抑制企业创新。奥吉诺和佩斯卡托里（Occhino and Pescatori，2015）通过构建动态随机 DSGE 一般均衡模型进行研究，发现企业巨额的债务会增加企业需要偿还的贷款利息和费用，从而抑制企业创新投资。

国内文献对于企业杠杆和负债对企业创新的研究更为具体一些，如肖海莲和唐清泉（2014）通过构建 q 投资模型，发现企业负债比例与创新投资之间呈现负相关关系。刘一楠（2016）构建固定效应模型和面板双门槛回归模型分别研究企业高杠杆对企业创新活动的抑制作用机制以及企业产权性质的异质性和企业资产负债率对企业投资和创新的非线性关系。研究发现，高债务杠杆通过降低企业运营资本对企业创新的缓冲作用来抑制企业创新；企业资产负债率与企业投资之间存在非线性关系且具有显著的门槛效应，当资产负债率高于门限值时会抑制企业投资。孙早（2016）发现战略性新兴产业公司的债权融资对战略性新兴产业上市企业的自主创新具有抑制作用。罗能生等（2018）构建门槛回归模型，以沪深上市 A 股公司为样本，发现企业杠杆率在 9.3% ~ 37.1% 的区间内，增加杠杆率可以最大限度地促进企业创新投入与产出，同时还可以降低企业风险。王玉泽和罗能生（2019）基于固定效应和 Probit 模型研究企业杠杆率与企业创新投入、创新产出之间的倒 "U" 型关系。以上研究表明，财务杠杆与企业创新之间的关系并不唯一，针对不同的研究对象，所得的结论有时是截然相反的。财务杠杆的基本原理是：企业通过负债融资增加资本来促进企业投资，因此获得的利润超过利息，企业利润和每股收益就会增加。企业适度增加财务杠杆进行负债融资可以缓解企业资金不足的压力，通过举债以较少的自有资金控制较大的现金流，从而稳固创新投入促进企业创新。但是，企业的财务风险会随着财务杠杆的增加而增加。财务杠杆过高会增加企业的债务压力，降低企业创新投入。企业需要在一定期限内偿还大量的债务，会增加企业财务风险甚至会导致破产，从而抑制企业创新。根据以上分析，可以初步判断企业财务杠杆的增加会抑制企业创新，即财务杠杆会抑制企业创新，据此提出假设 1：

H1：企业财务杠杆对创新存在显著的抑制作用。

（二）财政补贴的调节效应分析

关于财政补贴起调节作用的相关研究并不多，目前学术界主要关注的是财政补贴对企业创新的直接影响。有的学者认为财政补贴对企业创新具有激励作用。财政补贴资金会对企业创新活动中的不确定性提供额外保障，帮助企业跨过创新初期的 "死亡之谷"。而有些学者所得的结论相反，他们发现，由于存在信息不对称和寻租活动导致的腐败、财政政策时效性短和以经济绩效为核心的官员考核升迁制度等问题，扭曲了财政补贴的资金分配，从而扭曲社会资源的有效配置，降低了财政补贴效果。白旭云（2019）研究发现财政补贴对企业创新投入产生挤出效应。除此之外，有的学者认为，财政补贴对企业的创新效果并不起单一的促进或抑制作用。拉赫·所罗（Lach Saul，2002）对以色列制造业企业 1990～1995 年的数据进行实证分析，发现财政补贴对小企业的研发投入具有很强的促进作用，而对大企业表现出明显的负相关作用。冈萨罗斯（Gonzalez，2007）认为，财政补贴对研发投入的激励效果取决于研发回报率，当研发回报率较低时，企业只有在获得财政补贴的情况下才会增加，那么补贴就是有效率的，反之，财政补贴会挤出研发投入，此时财政补贴无效率。武咸云（2016）通过构建固定效应回归模型发现财政补贴存在一个临界值，低于此临界值可以促进企业加大创新活动投入，而高于此临界值会挤出企业的创新活动投入，即财政补贴对企业创新存在倒"U"型的非线性关系。

上述分析表明该领域的研究成果已经非常丰富，相对而言，财政补贴在财务杠杆与企业创新之间的调节效应分析则极为少见，需要进一步讨论：政府财政补贴是否能够缓解负债企业的资金压力，并使得企业通过加大创新投入而创新，增加企业绩效。部分存在杠杆过高或过度负债的企业之所以创新绩效不高，原因在于企业没有足够的研发资金或资金并没有真正用于创新研发。财政补贴能否起调节作用的关键是企业缓解债务后是否用于研发，只有这样财政补贴的正向调节作用才能充分发挥，降低企业财务风险。总之，政府财政补贴可以缓解企业财务杠杆过高而抑制创新的尴尬境地。基于以上分析，提出假设 2：

H2：财政补贴在财务杠杆和企业创新之间存在反向的调节作用，即财政补贴会对企业财务杠杆抑制企业创新产生缓冲作用。

三、研究设计

（一）变量说明

1. 创新程度

采用上市企业的专利数量来表示，因为数值不均衡，差异性较大，为了使得回归结果分布均衡，采用了对数形式，用 *chuangxin* 表示。

2. 负债压力

一般企业的财务杠杆表示。企业财务杠杆越大，企业负债越多，则企业用于创新的流动性会减少。企业负债的压力用 *caiwuganggan* 表示。

3. 财政补贴

主要是采用 Wind 数据，但是因为数值比较大，也采用了对数处理。这里采用 *butie* 表示。

4. 勒纳指数

按照公式，这里主要采用（销售收入 – 销售成本 – 管理费用 – 销售费用）/销售费用来表示。用 *lena* 表示。

5. 托宾 Q 值

采用三个价值，即流通股市值 + 非流通股账目价值 + 负债账目价值，然后除以总资产表示。这里依然用 *q* 表示。

6. 股权集中度

股权集中度是全部股东持股的集中情况，采用前五大股东的持股数量，用 Wind 数据计算得到。这里采用 *guquanjizhong* 表示。

（二）数据来源

原始数据主要是来源于 WIND 数据和国泰新安数据里的沪深 A 股，2012～2018 年的数据，有些指标是通过计算得到，去掉了 ST 股份和金融股。

（三）构建模型

1. 首先验证财务杠杆是否影响创新的模型

$$chuangxin = a_0 + a_1 \times caiwuganggan + a_2 \times lena + a_3 \times q + a_4 \times guquanjizhong$$

$$(7-4)$$

2. 构建财政补贴的调节效应模型

$$chuangxin = a_0 + a_1 \times caiwuganggan + a_2 \times butie + a_3 \times caiwuganggan \times butie$$
$$+ a_4 \times lena + a_5 \times q + a_6 \times guquanjizhong \qquad (7-5)$$

四、实证分析

（一）变量描述性分析

由于补贴的情况不一样，对数据进行了筛选，有的企业并没有享受到补贴，考虑到数据回归的可靠性，一起进行了描述。具体的数值如表 7 – 3 所示。

表 7 - 3　　　　　　　　　　　　　各变量的描述

变量	均值	标准差	最大值	最小值
企业创新	6.081375	1.897048	11.54266	- 2.262337
财务杠杆	14 070.08	7 561.493	26 647	2
财政补贴	2.14e - 06	8.17e - 06	0.000252	4.55e - 11
股权集中	6 690.007	3 903.056	13 493	1
市场垄断程度	0.075064	0.3496187	0.867318	- 16.52776
托宾 Q 值	12 571.42	7 861.432	26 573	2

（二）财务杠杆与企业创新关系分析

1. 散点图

首先做出企业创新与财务杠杆的散点图，初步判断两者之间的关系。从图 7 - 1 中可以看出，企业创新（*chuangxin*）和财务杠杆（*caiwugang-gan*）的散点数据分布较为分散，但是可以看出整体有相对平缓向下的趋势。由此初步判断，财务杠杆与企业创新之间存在反向关系，即财务杠杆抑制企业创新，这也验证了假设 1。

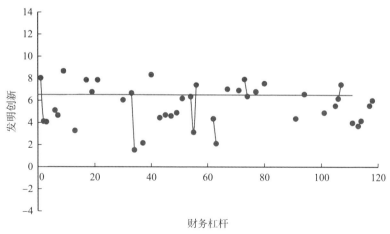

图 7 - 1　散点图

2. 逐步回归分析结果

为了使自变量和控制变量对因变量的影响都是显著的，也为了避免多

重共线性，使用逐步回归分析的向前引入法。本书将财务杠杆、托宾 Q
值、股权集中和勒纳指数作为自变量，依次引入多元回归模型中，对因变
量企业创新进行逐步回归，逐步回归结果如表 7 - 4 所示。

表 7 - 4   逐步回归结果

项目	模型 1	模型 2	模型 3	模型 4	模型 5
常数	6.920 (129.066**)	6.296 (88.671**)	6.929 (78.340**)	7.054 (49.548**)	7.052 (49.550**)
caiwuganggan	-1.989 (-17.701**) VIF = 1.000	-1.409 (-11.824**) VIF = 1.159	-1.279 (-10.823**) VIF = 1.169	-1.623 (-7.397**) VIF = 1.207	-1.622 (-7.393**) VIF = 1.216
q		0.175 (13.138**) VIF = 1.159	0.166 (12.632**) VIF = 1.163	0.108 (5.296**) VIF = 1.008	0.108 (5.292**) VIF = 1.207
guquanjizhong			-0.020 (-11.738**) VIF = 1.018	-0.013 (-5.012**) VIF = 1.001	-0.013 (-5.030**) VIF = 1.008
lena				-0.055 (-0.720) VIF = 1.216	
样本量	5 483	5 482	5 482	2 314	2 314
R^2	0.054	0.083	0.105	0.070	0.069
调整 R^2	0.054	0.083	0.105	0.068	0.068
F 值	$F(1,5481) =$ 313.334, $p = 0.000$	$F(2,5479) =$ 247.762, $p = 0.000$	$F(3,2310) =$ 215.229, $p = 0.000$	$F(4,2309) =$ 43.192, $p = 0.000$	$F(3,2310) =$ 57.429, $p = 0.000$

注：* $p < 0.1$、** $p < 0.05$、*** $p < 0.01$，括号里面为 t 值。

表 7 - 4 中，模型 1、模型 2、模型 3、模型 4 分别是财务杠杆、托宾
Q 值、股权集中、勒纳指数依次引入多元回归模型的结果。模型 1、模
型 2 和模型 3 中，引入的自变量对因变量的影响都显著。模型 4 中，引
入变量勒纳指数，该变量的估计系数不显著，剔除该变量。模型 5 是自
变量全部引入进行回归分析后剔除不显著的变量勒纳指数的回归结果。

从模型 1 到模型 5 的结果中可以看出，财务杠杆在引入变量前和引入变量后的估计系数一直显著，说明财务杠杆对企业创新变化具有显著影响。从模型 5 的回归结果中可以看出，财务杠杆的 VIF 值为 1.216，托宾 Q 值的 VIF 值为 1.207，股权集中的 VIF 值为 1.008，VIF 值都小于 2，未出现多重共线性问题。同时模型 $R^2 = 0.069$，表明财务杠杆、托宾 Q 值和股权集中可解释企业创新变动 6.9% 的原因，而且模型通过 F 检验（$F = 57.429$，$p = 0.000$），说明模型有效。财务杠杆的估计系数为 -1.622 且在 1% 的水平下显著，说明财务杠杆与企业创新之间存在反向关系，即企业财务杠杆系数越高，企业债务压力越大，越抑制企业创新，假设 1 成立。托宾 Q 值的回归系数为 0.108，在 1% 的水平下显著，表明托宾 Q 值与企业创新之间存在正向关系，即企业投资越多，越促进创新。股权集中的估计系数为 -0.013，在 1% 的水平显著，表明股权集中与企业创新之间存在正向关系，即股权越集中于少数人之手，越不利于企业的创新活动。

（三）　财政补贴的调节效应分析

1. 调节效应回归结果

表 7-5 为调节效应回归结果，为避免共线性问题已经对解释变量和交互项进行去中心化处理。表 7-5 中，模型 1 分析财务杠杆和企业创新之间的关系。财务杠杆的回归系数为 -1.482，且在 1% 的水平下显著，说明财务杠杆与企业创新之间存在反向关系，即财务杠杆越高，企业的债务压力越大，越抑制企业创新。模型 2 在模型 1 的基础上加入财政补贴。财政补贴的回归系数为 181 954.343，且在 1% 的水平下显著，这说明财政补贴与企业创新之间存在正向关系，即财政补贴的力度越大，越能促进创新。模型 3 则在之前的基础上引入财务杠杆与财政补贴两者的交互项。两者的交互项系数是 3 013 326.404，且在 1% 的水平下显著，这表明财政补贴在财务杠杆和企业创新之间存在反向调节作用，验证了假设 2，即财政补贴资金越多，越能缓解财务杠杆对企业创新的抑制作用。托宾 Q 值的回归系数为 0.059，且在 1% 的水平下显著，表明企业投资和企业创新之间存在正向关系；股权集中的回归系数为 -0.009，且在 1% 的水平下显著，说明股权集中度和企业创新之间存在反向关系；勒纳指数的回归系数为 -0.039，勒纳指数与企业创新之间不存在显著的相关关系。

表 7 - 5 财政补贴的调节效应回归结果

变量	模型 1	模型 2	模型 3
常数	6.427 *** (60.411)	6.410 *** (60.279)	6.420 *** (61.525)
q	0.106 *** (5.035)	0.060 *** (2.850)	0.059 *** (2.790)
guquanjizhong	-0.013 *** (-4.699)	-0.010 *** (-3.431)	-0.009 *** (-3.210)
lena	-0.072 (-0.892)	-0.043 (-0.541)	-0.039 (-0.493)
caiwuganggan	-1.482 *** (-6.423)	-1.166 *** (-5.074)	-1.163 *** (-5.077)
butie		181 954.343 *** (8.640)	206 943.703 *** (9.353)
caiwuganggan × butie			3 013 326.404 *** (3.588)
样本量	2 121	2 121	2 121
R^2	0.062	0.094	0.099
调整 R^2	0.060	0.092	0.097
F 值	$F_{(4, 2116)} = 34.783$, $p = 0.000$	$F_{(5, 2115)} = 43.724$, $p = 0.000$	$F_{(6, 2114)} = 38.786$, $p = 0.000$
ΔR^2	0.062	0.032	0.005
ΔF 值	$F_{(4, 2116)} = 34.783$, $p = 0.000$	$F_{(1, 2115)} = 74.644$, $p = 0.000$	$F_{(1, 2114)} = 12.871$, $p = 0.000$

注：* $p < 0.1$、** $p < 0.05$、*** $p < 0.01$，括号里面为 t 值。

2. 简单斜率分析

为了进一步分析财政补贴的调节效应，进行简单斜率分析。如表 7 - 6 所示，当财政补贴处于平均值水平时，财务杠杆的回归系数为 -1.163，且在 1% 的水平下显著；当财政补贴处于高水平时，财务杠杆的回归系数为 -0.581，且在 5% 的水平下显著；当财政补贴处于低水平时，财务杠杆的回归系数为 -1.744，且在 1% 的水平下显著。可以发现，财政补贴处于平均值水平和低水平时比处于高水平时更显著；同时，财政补贴处于平均值水平时的 t 值比处于低水平时的 t 值更小。这表明，低水平的财政补贴调节企业负债抑制创新的作用十分显著，随着财政补贴的增加，其调节作用会越来越弱，当财政补贴超过平均值达到高水平时，调节作用最弱。主要原因有以下两点：第一，当财政补贴处于较低水平时，企业通过财务杠杆形成的负债会导致企业资金不足，需要政府的财政补贴资金来进行投资，企业会加大研发投入，获得利润。当企业获得的财政补贴过多时，企业就很可能把资金用于非生产性的寻租活动，企业无法产生实质性的创新。第二，企业获得财政补贴后存在道德风险问题。由于创新活动具有不确定性且耗时长，并且创新的研发成果具有外部性，导致其他企业模仿，有些短视的企业在获得政府的财政补贴之后，很有可能把用于原来创新研发的资金用于其他盈利快的项目，这样，财政补贴就无法有效缓解企业因负债而导致的研发资金不足的情况。

表 7-6　　　　　　　　　　　　　简单斜率分析

调节变量水平	回归系数	标准误	t	p	95% CI	
平均值	-1.163	0.229	-5.077	0.000	-1.612	-0.714
高水平（+1SD）	-0.581	0.281	-2.069	0.039	-1.132	-0.031
低水平（-1SD）	-1.744	0.280	-6.226	0.000	-2.294	-1.195

（四）企业异质性分析

为了进一步研究财政补贴和财务杠杆对不同产权性质的企业创新的影响，以产权性质进行分组回归，回归结果如表 7-7 所示。国有企业财政补贴 t 值为 8.255，且在 1% 的水平下显著；民营企业财政补贴 t 值为 2.427，且在 1% 的水平下显著。这说明财政补贴对于国有企业的创新活动的促进作用更大。这可能是由于国有企业的特殊性质，获得的补贴资金较多，或者国有企业更加了解国家的财政补助政策。国有企业财务杠杆的 t 值为 -0.748，并不显著，而民营企业的财务杠杆 t 值为 -4.770，在 1% 的水平下显著，这表明民营企业财务杠杆对企业创新活动的抑制作用显著。可能原因是：第一，民营企业通过负债融资所得的资本在企业创新资本中的利用率不高；第二，部分民营企业难以产生自生创新能力，不得不通过举债维持经营，导致企业财务杠杆过高，举债得到的资本并未用于企业研发活动中。

表 7 - 7   分组回归的结果

变量	整体	国有企业	民营企业
常数	6.651 *** (43.519)	6.330 *** (35.001)	6.698 *** (22.590)
l	-0.043 (-0.541)	-0.011 (-0.088)	-0.075 (-0.750)
butie1	181 954.343 *** (8.640)	184 672.660 *** (8.255)	141 632.516 ** (2.427)
q	0.060 *** (2.805)	0.038 (1.646)	0.079 (1.377)
guquanjizhong	-0.010 *** (-3.431)	-0.003 (-0.955)	-0.011 ** (-2.438)
caiwuganggan	-1.166 (-5.074 **)	-0.212 (-0.748)	-1.954 (-4.770 **)
样本量	2 121	1 445	676
R^2	0.094	0.064	0.111
调整 R^2	0.092	0.060	0.105
F 值	$F(5, 2115) = 43.724$, $p = 0.000$	$F(5, 1439) = 19.534$, $p = 0.000$	$F(5, 670) = 16.778$, $p = 0.000$

注：* $p < 0.1$、** $p < 0.05$、*** $p < 0.01$，括号里面为 t 值。

此外，国有企业组中，勒纳指数、托宾 Q 值、股权集中的回归系数分别为 -0.011、0.038、-0.003，并且都不显著，控制变量与企业创新之间并不存在显著的相关关系。民营企业组中，勒纳指数和托宾 Q 值的回归系数分别为 -0.075 和 0.079，都不显著。民营企业中，股权集中回归系数为 -0.011，在 1% 的水平下显著，说明股权集中和企业创新之间存在反向关系。以上分析表明，债务压力低、股权集中度的企业创新程度更高。

五、结论与建议

基于 2012～2018 年公司的微观数据，运用逐步回归法实证考察了企业财务杠杆对企业创新的影响，研究了财政补贴在财务杠杆与企业创新之间的调节效应，并且进一步研究了企业间的异质性。实证结果显示：（1）财务杠杆与企业创新之间存在反向关系，企业财务杠杆越高，债务压力越大，越不利于企业创新。（2）财政补贴促进企业创新，同时作为调节变量，在财务杠杆和创新之间起反向调节作用。民营企业的财务杠杆相对国有企业更能抑制企业创新，财政补贴对国有企业创新的促进作用相较民营企业更为显著。基于以上研究结论，提出如下政策建议：

第一，促进企业创新资本和债务资本的有机结合。财务杠杆与企业创新之间存在反向关系，财务杠杆越高，债务压力越大，越抑制企业创新。因此企业应当加强财务杠杆管理，将财务杠杆带来的风险控制在可控范围内，同时增加负债融资获得的资本在企业创新研发活动中的利用效率，使负债融资获得的资本能够产生实质性创新。

第二，政府在加大对企业的财政补贴力度的同时应当建立完善的监督制度，加大对民营企业特别是新型民营企业的支持力度。财政补贴与企业创新之间存在正向关系，财政补贴在财务杠杆和企业创新之间存在反向调节关系。企业享受到的财政补贴越多，越有助于缓解企业的负债压力，促进企业的创新和发展。政府财政补贴的信号传递作用可以帮助企业获得外部投资，降低企业外部融资难度。然而，现实中少数企业仍存在骗补寻租的行为，因此应当加快完善财政补贴相关制度，提升企业财政扶持的精准度。负债低、股权集中度低的企业创新程度较高，政府可以考虑加大这一部分民营企业的扶持力度。同时，政府还可以建立信用情况不良企业的黑名单制度，并且考虑对信用评级下降的企业的采取惩罚手段来维护企业创新发展的良好政策环境。

第三，加大民营企业去杠杆力度。企业的财务杠杆越大，债务压力就越大，越不利于企业的创新和发展。相对于国有企业，民营企业财务杠杆对创新的抑制作用更为显著，这表明国有企业的去杠杆进程很有成效。为降低民营企业杠杆率，减轻企业的负债压力，从公司治理层面，民营企业可以考虑通过变卖公司资产、进行并购重组等方法降低财务杠杆率。从地方政府的角度，政府可以优先对财务杠杆率高、负债多的民营企业提供额外的财政补助。同时，也应当加快推进市场化利率改革，大力发展直接融资，降低企业负债融资以降低民营企业财务杠杆率。

小　结

从以上的实证中，可以得出三个结论：

（1）融资是企业扎根于一个区域的主要条件。在实证中发现，融资对企业集聚作用非常显著，显示了经济的发展必须先建设好融资的环境。企业家是以创新为目的的，企业家在创新过程中，融资起到了关键推进作用。

（2）对于负债企业来说，政府的补贴有利于进行创新。因为创新会影响企业的流动性，政府补贴可以增加企业的流动性，有利于企业的创新。

（3）政府干预对企业扎根短期有一定的扶持作用。从空间计量来看，政府干预对企业集聚确实起着一定的正向作用，但这是建立在金融资源稀缺、招商"内卷化"严重的基础上。从长期看，建设良好的金融秩序、法治环境更为重要。

第八章 政策与建议

第一节 企业家融资理论的总结

一、企业家融资理论的演进过程概述

（一）企业家融资问题的理论支持

从前文分析看来，企业家融资理论是一个不断演进的过程。这个过程中，很多经济学家打下了坚实的理论基础，如马克思、奈特、罗宾逊夫人以及熊彼特等，他们在那个理论相对匮乏的背景下天才地察觉到了企业家的天性，如马克思（1838）指出了企业家对经济的贡献，分析了企业家融资的合约问题；奈特（1921）指出了不确定性的存在，没有不确定性就不会有利润；熊彼特（1912）指出了企业家的创新是企业家的特质；为企业家融资理论的研究铺平了道路。

但是，理论的产生既需要现实需求的拉动，又需要基础理论的供给，在新古典经济学的光环之下，马歇尔尽管认识到企业家的一些特质问题，但是在均衡中依然强调同质性假设，忽视了企业家人资资本的异质性；奈特虽然指出了不确定性筛选企业家，但是最终只是探讨了关于企业家融资中的风险偏好问题。

在企业理论、人力资本理论的建立以及卡森企业家判断学说之前，企业家融资理论都停留于认识的表面现象，没有发现企业家谈判力的实质。包括关于不确定性的学说、熊彼特的创新学说等，都缺乏对企业家融资问题的系统性分析。

只有当相关理论基础不断涌现以后,企业家融资理论才充分被揭示并建立起来。比如企业家关心的控制权问题、企业家与投资人谈判问题等。

可以总结企业家融资理论的演进过程如图 8-1 所示。

图 8-1 企业家融资理论总结

(二) 企业家融资理论的中心问题

通过对以上理论的梳理,得出了企业家融资理论的中心问题,那就是企业家对控制权的关注。企业家通过拥有控制权与投资人一起分配组织租金,在分配的时候充分考虑企业家人力资本的特质。

二、企业家的特性与企业家的融资活动

企业家之所以成为企业家,就在于他拥有不同于一般人的"企业家判断力",也可以将它称为是一种创意。这种创意反过来又决定企业家的一切活动,包括企业家的融资、企业家应得的分成以及企业家的自我选择。

(一) 在分成谈判中,企业家的谈判力是创意

企业家依靠自己的创意去和投资人进行讨价还价,最终的结果也决定于企业家的创意是否为投资人所了解,以及企业家新创意是否尽快地产生。

在日常生活中经常看到企业被投资人所收购和企业家被其他人所赶走,其主要的理由就是企业家"过时"了,或者说是"能力"不够了;其实本质是企业家的创意不再具有优势。因此,企业家的谈判力就是创意,没有了创意,一个企业家就会沦落为一个只得与投资人用资本谈判的"投资人"。

（二）在融资活动中，企业家也是通过创意去融资

如果自己的创意得到投资人的尊重，创意可以作为无形资产入股的话，企业家将根据创业所需要的规模去融资。

但是如果企业家融资活动中人力资本不被投资人所重视的时候，企业家就只好通过控制权收益最大来保护自己的创意不被投资人所忽视，为了控制权牺牲规模。

三、企业家融资制度的完善

一个好的企业家融资环境，就是对企业家的创意进行有力促进与保护的环境，包括保护企业家的人力资本，承认人力资本的产权等；就是对企业家的融资环境进行放宽与规范，保护企业家的创意能够健康、稳定地成长；就是给予投资人资金一定的退出环境，消除企业家融资的垄断因素等。

四、融资环境的建设

从前文的分析可以看出，我国现在不论是法律环境，还是融资的机制方面，都存在着严重的不足，为了更好建设一个充满生机的企业家的创业环境，我们应该：

（一）健全法律法规，营造一个公平竞争的市场环境

法律的不健全导致企业家不可能有一个健康的成长环境。在正当法律手段获取融资的成本过于高时（包括融资手续复杂，官僚寻租严重等），企业家就会铤而走险去寻求不正当的手段，这鲜明地折射在当前一些经济犯罪事实的案例中。因此，建立法规越早，就会越早减少改革的成本。

（二）采取适当的措施，通过政策出台来促进企业家创业

尊重企业家人力资本的产权，在融资机制建设上充分考虑到企业家面临的风险与企业家创新动机，是能够激励企业家创业的重要思路。因此，应该尽快出台一些有力的措施，积极推进我们国家各层次的企业家创业计划，为企业家创业融资提供一个宽松的环境。

第二节 政策与建议以及继续探讨的问题

一、建议

（一）重视企业家和投资人之间的关系

前文的分析可以看出，在融资的活动中，企业家会主动地通过融资合同来防止投资人对其控制权进行争夺，同时，投资人又需要对企业家滥用资金、在职消费和出现各种代理问题进行防备。因此，企业家的融资问题不仅是企业家获取创意的问题，而是企业家与投资人双方利益博弈的问题。政策着力点也应该照顾双方的关切点，只有真正消除了关切点，才能保证资金的顺利融资，才能保证企业家与投资人的合作正常有序地进行。

（二）重视融资活动利益相关者的公共利益所在

因为只有创意活动，才可以让企业家获取利润，保证创新活动的持续性以及实现自己的价值，投资人也可以通过各种退出渠道，获取自己的利息和资产的增值。对政府而言，创意是利润的源泉，也是税收的主要来源，因此，必须合理维护企业家的创新活动，保证创新顺利产生。

（三）重视腐败是扭曲企业家才能配置的重要因素

腐败使得企业家可以通过非生产性的活动来进行配置才能，挤占了企业家进行研发的投入，造成企业家的创新资源供给不足，扭曲了企业家的投资方向，是无效率的重要表现。作为制度的供给者，应该从长期去遏制腐败，引导企业家进行创新活动，通过正常的劳动获取资源，而不是通过机会主义去获取资源。

（四）重视贫困区域的企业家资金供给

贫困区域因缺乏资金，企业家一是选择离开家乡去其他地方继续创新活动；二是缩小规模进行低水平的生产活动，抑制创新。熊彼特指出[1]，

---

[1]　熊彼特：《经济发展理论》，郭武军、吕阳译，华夏出版社 2015 年版，第 77 ~ 78 页。

企业家创新是因为有一个建立自己企业王国的梦想，只要有资金支持，企业家就如同种子一样的生根发芽，在落后区域进行生根发芽，不仅提高了区域的生产水平，还可以提高区域的就业水平。

二、我国企业家融资理论探讨的不足

我国在改革开放以后，由于整个经济学的研究起步比较晚，所以对企业家融资理论研究存在不足，主要表现在以下几个方面。

（1）关于企业家的含义还在争论之中。争论的焦点是企业家是否应该拥有资本，很多人认为没有资本的也算企业家，比如国有企业的经理，这样就混淆了企业家融资与企业融资以及经理融资的理论界限。

（2）企业家创意研究的片面性。目前文献多是在表面上的分析，过分相信某一个学派的理论，而没有充分利用现有的理论知识综合考虑。其实每个学派只是看到企业家的一个方面，综合研究对于企业家融资理论具有创新意义。

（3）在分析企业家融资模型的时候过分相信委托代理理论。其实，企业家的企业与投资人的企业有着本质不同，表现在两个方面：一是企业家与投资人是谈判，而不是委托，所以应该考虑到投资人与企业家双方的利益，而不能只考虑企业家或者投资人。二是企业家与经理不同，经理关心的怎么样去占有自己的额外利益，也就是说有经理的企业主要是降低代理成本，而企业家的企业则没有这方面的情况。因此谈判的方式才是最好的分析方式。

（4）研究的方法需要更新。现存的融资理论过多关注的是"企业的融资"以及"经理的融资"问题，如詹森（1976）、泰若尔（1999）等，而对于"企业家的企业"的融资问题则研究相对薄弱，现存的模型也不多，建立在讨价还价基础上的理论更不多。因此，加强这方面的建设非常重要。

（5）对于制度企业家的研究刚刚开始。中国虽然走的是一条"强制性变迁"的制度变迁路径，但是，在制度的演化中，企业家的角色功不可没，中国的企业家过去、现在和将来都在推动着改革，但是目前理论对制度推动变迁的机制，却没有厘清，需要进一步去做研究的工作，建设新时代企业家融资理论框架还要继续努力。

三、继续要解决的问题

（1）企业家与投资人的谈判是一个演化的过程，这个过程中交易费用起到重要的作用，那么交易费用应该怎么进入模型，还是要继续解决的问题。

（2）从演化的角度来看，企业家的融资需要不断进行制度供给。这是因为企业家也在不断成长，制度必须不断供给满足筛选企业家的需求。这可以用演化博弈的方法进行分析，但是涉及复杂的模型目前还不成熟，以后需继续努力钻研。

（3）当前我们国家面临的重要问题是两极分化。在新古典理论中以及理性预期理论中，两极分化是不可能长期存在的，因为人们可以通过学习解决能力差异问题，但是现实确实相反的，其实这原因之一是企业家融资的问题，部分制度的不完善使得有些人获取了融资的优先权，这方面要继续探讨。

（4）企业家的判断在人力资本上的产权问题仍然需要进一步探讨，虽然国内如黄泰岩（1997）、周其人（1996）等一些人在这方面已经作出了一些贡献，但是，怎么样去体现企业家判断的价值，又怎样在会计上进行衡量，仍需要进一步探讨。

（5）企业家的多任务模型以及谈判的棘轮效应。根据委托代理理论，经理应该假设在多任务以及时间的延续上才更贴近现实。那么需要继续分析企业家在多任务的模型中怎么样进行谈判与创业活动，一个企业家往往需要与很多投资人进行签约，那么分成应该是怎么样的呢。

（6）投资人往往会根据以往的谈判来判断企业家的偏好，那么谈判的这种棘轮效应该是怎么样的呢。前面已经假定了关于创意会在投资人与企业家不同轮的谈判中逐渐减值，那么企业家的其他资源呢，经验和声誉又是怎么影响企业家的谈判的呢。

以上这些问题都需要进一步研究。

参 考 文 献

一、学术论文

1. 杨瑞龙、刘刚：《企业的异质性假设和企业竞争优势的内生性分析》，载于《中国工业经济》2002 年第 1 期，第 88 ~ 95 页。

2. 张维迎：《所有制、治理结构及委托—代理关系——兼评崔之元和周其仁的一些观点》，载于《经济研究》1996 年第 9 期，第 3 ~ 15 页。

3. 连建辉、黄文峰：《企业的同质性假设、异质性假设与企业所有权安排》，载于《当代经济研究》2002 年第 9 期，第 57 ~ 63 页。

4. 刘刚：《企业异质性假设——对企业本质和行为基础的演化论解释》，载于《中国社会科学》2002 年第 2 期，第 57 ~ 63 页。

5. 郑江淮：《企业特质性资源、内部谈判与企业制度——评青木昌彦：企业的合作博弈理论》，载于《管理世界》2005 年第 6 期。

6. 郑江淮、袁国良：《非均衡经济中的企业家行为——论舒尔茨的企业家理论》，载于《中国人民大学学报》1998 年第 2 期，第 12 ~ 16 页。

7. 郑江淮、胡志乾：《企业家警觉和激励——科兹纳企业家理论述评》，载于《上海经济研究》1999 年第 4 期，第 50 ~ 53 页。

8. 郑江淮、袁国良：《经济学方法下的企业家理论——马克·卡森企业家理论介绍》，载于《经济研究参考》1997 年第 7 期，第 38 ~ 43 页。

9. 黄泰岩、郑江淮：《卡森企业家理论述评》，载于《经济学动态》1997 年第 8 期。

10. 杨立岩：《不完全合同与剩余控制权》，载于《财经科学》2001 年第 2 期，第 4 ~ 7 页。

11. 余津津：《现代西方声誉理论述评》，载于《当代财经》2003 年第 11 期，第 18 ~ 22 页。

12. 杨瑞龙、杨其静：《"资本雇佣劳动"命题的反思》，载于《经济科学》2000 年第 6 期，第 91～100 页。

13. 杨瑞龙、杨其静：《专用性、专有性与企业制度》，载于《经济研究》2001 年第 3 期，第 4～5 页。

14. 黄桂田、李正全：《企业与市场：相关关系极其性质——一个基于回归古典的解析框架》，载于《经济研究》2002 年第 1 期，第 75～76 页。

15. 杨瑞龙、周业安：《一个关于企业所有权安排的规范性分析框架及其理论含义》，载于《经济研究》1997 年第 1 期，第 16 页。

16. 王明夫：《企业家雇佣资本——现代公司治理的"企业家主权"模式论》，载于《中国企业家》2003 年第 9 期，第 1～16 页。

17. 魏杰、汪异明：《到底什么是企业家》，载于《中国企业家》1997 年第 8 期，第 35～37 页。

18. 袁安府、范柏乃：《企业家思辨》，载于《同济大学学报（社会科学版）》2003 年第 8 期，第 70～74 页。

19. 何丁萌：《企业家的特征》，载于《特区企业文化》1993 年第 3 期，第 67～69 页

20. 杨大楷：《民营中小企业可持续发展与制度创新》，载于《贵州财经学院学报》2004 年第 5 期，第 17～21 页。

21. 周德文：《时代呼唤职业企业家队伍》，载于《中国企业家》1991 年第 7 期，第 55～57 页。

22. 连建辉：《融资制度与企业家筛选机制》，载于《改革》2002 年第 3 期，第 18～22 页。

23. 任晓：《经济民营化运动中的企业家：自觉生成与古典锁定》，载于《经济社会体制比较》2004 年第 6 期，第 119～125 页。

24. 中国社会科学院经济研究所温州农村调查组：《温州农村商品经济考察与中国农村现代化道路探索》，载于《经济研究》1986 年第 6 期。

25. 曲迎波：《经济转型与融资制度变迁动力分析》，载于《金融理论与实践》第 14～16 页。

26. 刘长庚、卓越：《政府主导型融资制度变迁的极限及其突破——一个"两阶段模型"的分析》，载于《湘潭大学社会科学学报》2001 年第 6 期。

27. 陈全伟：《全球创业板市场回暖，中小盘股功不可没》，载于《深圳特区科技（创业月刊）》2004 年第 1 期，第 91～95 页。

28. 曹欣：《中国创业投资退出机制中国实现方式研究》，载于《投资研究》2003 年第 5 期，第 85～88 页。

29. 罗卫、许彬：《社会信用与浙江经济》，载于《浙江经济》2002 年第 5 期。

30. 姚晓芳等：《我国民营企业现状及分析》，载于《经济管理》2001 年第 9 期。

31. 谭俊华、谭文宾、吴爱军：《中小企业间接融资的现状与理论分析》，载于《科技创业月刊》2005 年第 1 期，第 49～50 页。

32. 吴林祥：《二板市场交易制度选择研究》，载于《证券市场导报》2000 年 11 月号，第 19～22 页。

33. 刘曼红：《风险投资：创新与金融》，中国人民大学出版社 1998 年版，第 273 页。

34. 欧雪银：《基于新兴古典视角的企业家精神研究》，载于《求索》2008 年第 8 期，第 29～31 页。

35. 孙早、赵国栋：《从古典到现代：制度演化与企业成长中的企业家角色》，载于《南开经济研究》2007 年第 4 期，第 118～128 页。

36. 袁凌：《中国企业家行为的制度分析》，载于《江西财经大学》2004.

37. 向中兴、王洪勇：《古典企业与现代公司制企业的企业家创新之比较》，载于《成都电子机械高等专科学校学报》2003 年第 1 期，第 51～54、30 页。

38. 刘小玄、韩朝华：《中国的古典企业模式：企业家的企业——江苏阳光集团案例研究》，载于《管理世界》1999 年第 6 期，第 179～189 页。

39. 郑江淮、胡志乾：《企业家警觉和激励——科兹纳企业家理论述评》，载于《上海经济研究》1999 年第 4 期，第 50～53、22 页。

40. 丁栋虹、刘志彪：《企业家模式及其理论的演进与发展》，载于《学习与探索》1998 年第 1 期，第 21～27 页。

41. 刘志永：《企业家及企业家理论的历史演变》，载于《商业经济研究》2016 年第 9 期，第 91～93 页。

42. 冯华、陈亚琦：《平台商业模式创新研究——基于互联网环境下的时空契合分析》，载于《中国工业经济》2016 年第 3 期，第 99～113 页。

43. 朱海就：《企业家才能的制度维度》，载于《浙江工商大学学报》

2016 年第 2 期，第 94 ~ 101 页。

44. 程絮森、朱润格、傅诗轩：《中国情境下互联网约租车发展模式探究》，载于《中国软科学》2015 年第 10 期，第 36 ~ 46 页。

45. 陈玉博、李瑛：《论社会主义初级阶段的企业家精神——基于马克思主义政治经济学的分析》，载于《新东方》2015 年第 4 期，第 70 ~ 74 页。

46. 罗珉、李亮宇：《互联网时代的商业模式创新：价值创造视角》，载于《中国工业经济》2015 年第 1 期，第 95 ~ 107 页。

47. 姜忠辉、徐玉蓉：《企业家精神的内涵与外延探析》，载于《中国海洋大学学报（社会科学版）》2015 年第 1 期，第 71 ~ 77 页。

48. 郭岚、余元春：《企业家理论演进研究》，载于《商业时代》2010 年第 18 期，第 102 ~ 103 页。

49. 欧雪银：《基于新兴古典视角的企业家精神研究》，载于《求索》2008 年第 8 期，第 29 ~ 31 页。

50. 孙早、赵国栋：《从古典到现代：制度演化与企业成长中的企业家角色》，载于《南开经济研究》2007 年第 4 期，第 118 ~ 128 页。

51. 袁凌：《中国企业家行为的制度分析》，江西财经大学，2004 年。

52. 向中兴、王洪勇：《古典企业与现代公司制企业的企业家创新之比较》，载于《成都电子机械高等专科学校学报》2003 年第 1 期，第 51 ~ 54、30 页。

53. 刘小玄、韩朝华：《中国的古典企业模式：企业家的企业——江苏阳光集团案例研究》，载于《管理世界》1999 年第 6 期，第 179 ~ 189 页。

54. 孙晓婷：《宏观经济因素、企业家信心与公司融资选择》，载于《经营管理者》2016 年第 27 期，第 14 页。

55. 刘志永：《企业家及企业家理论的历史演变》，载于《商业经济研究》2016 年第 9 期，第 91 ~ 93 页。

56. 张瑾华、何轩、李新春：《银行融资依赖与民营企业创新能力——基于中国企业家调查系统数据的实证研究》，载于《管理评论》2016 年第 4 期，第 98 ~ 108 页。

57. 朱海就：《企业家才能的制度维度》，载于《浙江工商大学学报》2016 年第 2 期，第 94 ~ 101 页。

58. 程絮森、朱润格、傅诗轩：《中国情境下互联网约租车发展模式探究》，载于《中国软科学》2015 年第 10 期，第 36～46 页。

59. 陈玉博、李瑛：《论社会主义初级阶段的企业家精神——基于马克思主义政治经济学的分析》，载于《新东方》2015 年第 4 期，第 70～74 页。

60. 杨向阳、童馨乐：《财政支持、企业家社会资本与文化企业融资——基于信号传递分析视角》，载于《金融研究》2015 年第 1 期，第 117～133 页。

61. 罗珉、李亮宇：《互联网时代的商业模式创新：价值创造视角》，载于《中国工业经济》2015 年第 1 期，第 95～107 页。

62. 姜忠辉、徐玉蓉：《企业家精神的内涵与外延探析》，载于《中国海洋大学学报（社会科学版）》2015 年第 1 期，第 71～77 页。

63. 张西征：《企业家经济预期、融资约束与预防性现金管理》，载于《外国经济与管理》2014 年第 12 期，第 33～46 页。

64. 张敏、李延喜：《企业家声誉对债务融资影响研究》，载于《大连理工大学学报（社会科学版）》2014 年第 1 期，第 52～57 页。

65. 何镜清、李善民、周小春：《民营企业家的政治关联、贷款融资与公司价值》，载于《财经科学》2013 年第 1 期，第 83～91 页。

66. 黄桂田、李正全：《企业与市场：相关关系及其性质——一个基于回归古典的解析框架》，载于《经济研究》2002 年第 1 期，第 72～79 页。

67. 王福民：《创业企业家资源禀赋与融资方案认知度关系实证研究》，载于《系统工程》2012 年第 2 期，第 36～43 页。

68. 郭岚、余元春：《企业家理论演进研究》，载于《商业时代》2010 年第 18 期，第 102～103 页。

69. 周中胜、王愫：《企业家能力、信用评级与中小企业信贷融资可获性——基于江浙地区中小企业问卷调查的经验研究》，载于《财贸经济》2010 年第 6 期，第 10～17、135 页。

70. 张小蒂、王永齐：《融资成本、企业家形成与内生产业集聚：一般分析框架及基于中国不同区域的比较分析》，载于《世界经济》2009 年第 9 期，第 15～26 页。

71. 欧雪银：《基于新兴古典视角的企业家精神研究》，载于《求索》2008 年第 8 期，第 29～31 页。

72. 孙早、赵国栋：《从古典到现代：制度演化与企业成长中的企业家角色》，载于《南开经济研究》2007 年第 4 期，第 118～128 页。

73. 罗正英：《中小企业的企业家风险厌恶、财富集中度与融资结构研究》，载于《上海经济研究》2006 年第 9 期，第 91～97 页。

74. 罗正英：《企业家异质性特征对信贷融资影响的实证研究——基于非国有控股的中小企业的检验》，厦门大学会计发展研究中心、厦门大学会计系、厦门大学财务管理与会计研究院，会计准则发展——第六届会计与财务问题国际研讨会论文集，2006 年。

75. 胡旭阳：《民营企业家的政治身份与民营企业的融资便利——以浙江省民营百强企业为例》，载于《管理世界》2006 年第 5 期，第 107～113、141 页。

76. 袁凌：《中国企业家行为的制度分析》，江西财经大学，2004 年。

77. 向中兴、王洪勇：《古典企业与现代公司制企业的企业家创新之比较》，载于《成都电子机械高等专科学校学报》2003 年第 1 期，第 51～54 页。

78. 唐清泉、巫岑：《银行业结构与企业创新活动的融资约束》，载于《金融研究》2015 年第 7 期，第 116～134 页。

79. 易也嗉、李谢：《政治关联、融资约束与创新效率的关系探讨——来自民营上市企业的经验证据》，载于《商业经济研究》2015 年第 23 期，第 75～78 页。

80. 陈艳、杨鹏程：《科技型中小企业投资的双重融资约束分析》，载于《宏观经济研究》2015 年第 6 期，第 88～100 页。

81. 何丹：《融资约束、R&D 投入与企业绩效的相关性研究——基于中国制造业上市公司 2009—2013 年的经验证据》，载于《科技与管理》2015 年第 5 期，第 76～82 页。

82. 胡艳、马连福：《创业板高管激励契约组合、融资约束与创新投入》，载于《山西财经大学学报》2015 年第 8 期，第 78～90 页。

83. 石璋铭、谢存旭：《银行竞争、融资约束与战略性新兴产业技术创新》，载于《宏观经济研究》2015 年第 8 期，第 117～126 页。

84. 赵讳：《融资约束、政府 R&D 资助与企业研发投入——来自中国战略性新兴产业的实证研究》，载于《当代财经》2015 年第 11 期，第 86～97 页。

85. 李春涛、郭培培、张璇：《知识产权保护、融资途径与企业创新——基于跨国微观数据的分析》，载于《经济评论》2015 年第 1 期，第 77～91 页。

86. 张璇、刘贝贝、汪婷、李春涛：《信贷寻租、融资约束与企业创新》，载于《经济研究》2017 年第 5 期，第 161 ~ 174 页。

87. 陈昆玉：《上市公司技术创新、融资与成长》，载于《科研管理》2015 年第 3 期，第 64 ~ 70 页。

88. 孙早、肖利平：《融资结构与企业自主创新——来自中国战略性新兴产业 A 股上市公司的经验证据》，载于《经济理论与经济管理》2016 年第 3 期，第 45 ~ 58 页。

89. 刘政、陈晓莹、杨先明：《融资多样性对企业技术创新的影响机制研究》，载于《科技进步与对策》2017 年第 2 期，第 84 ~ 92 页。

90. 罗军：《民营企业融资约束、对外直接投资与技术创新》，载于《中央财经大学学报》2017 年第 1 期，第 96 ~ 103 页。

91. 张一林、龚强、荣昭：《技术创新、股权融资与金融结构转型》，载于《管理世界》2016 年第 11 期，第 65 ~ 80 页。

92. 韩磊、王西、张新谊：《制度环境驱动了企业家精神吗？——基于法与金融的实证研究》，载于《天津财经大学学报》2017 年第 2 期，第 39 ~ 54 页。

93. 欧雪银：《企业家精神与产业集聚关系研究新进展》，载于《经济学动态》2013 年第 6 期，第 132 ~ 141 页。

94. 李杏：《企业家精神对中国经济增长的作用研究——基于 SYS-GMM 的实证研究》，载于《科研管理》2011 年第 1 期，第 97 ~ 104 页。

95. 霍国庆、杨阳、张古鹏：《新常态背景下中国区域创新驱动发展理论模型的构建研究》，载于《科学学与科学技术管理》2017 年第 6 期，第 77 ~ 93 页。

96. 庄子银：《南方模仿、企业家精神和长期增长》，载于《经济研究》2003 年第 1 期，第 62 ~ 94 页。

97. 钟章奇、王铮：《创新扩散与全球产业结构优化——基于 Agent 模拟的研究》，载于《科学学研究》2017 年第 4 期，第 611 ~ 624 页。

98. 苏屹、姜雪松、雷家骕等：《区域创新系统协同演进研究》，载于《中国软科学》2016 年第 3 期，第 44 ~ 61 页。

99. 高波：《文化、文化资本与企业家精神的区域差异》，载于《南京大学学报（哲学人文科学社会科学版）》2007 年第 5 期，第 39 ~ 47 页。

100. 康志勇：《金融错配阻碍了中国本土企业创新吗？》，载于《研究与发展管理》2014 年第 5 期，第 63 ~ 71 页。

101. 邵挺：《金融错配、所有制结构与资本回报率：来自 1999—2007 我国工业企业的研究》，载于《金融研究》2009 年第 9 期，第 51 ~ 68 页。

102. 魏江、向永胜：《化根植性与产业集群发展》，科学出版社 2014 年版，第 67 ~ 71 页。

103. 陈昭、刘珊珊、邬惠婷、唐根年：《创新空间崛起、创新城市引领与全球创新驱动发展差序格局研究》，载于《经济地理》2017 年第 1 期，第 23 ~ 31 页。

104. 解维敏、方红星：《金融发展、融资约束与企业研发投入》，载于《金融研究》2011 年第 5 期，第 171 ~ 183 页。

105. 林毅夫、李志赟：《政策性负担、道德风险与预算软约束》，载于《经济研究》2004 年第 2 期，第 71 ~ 76 页。

106. 黎精明、郜进兴：《财政分权、要素价格扭曲与国有企业过度投资》，载于《中南财经政法大学学报》2010 年第 1 期，第 34 ~ 36 页。

107. 张佩、马弘：《借贷约束与资源错配——来自中国的经验证据》，载于《清华大学学报（自然科学版）》2012 年第 9 期，第 45 ~ 46 页。

108. 鲁晓东：《金融资源错配阻碍了中国的经济增长吗》，载于《金融研究》2008 年第 4 期，第 55 ~ 68 页。

109. 曾康霖：《试论我国金融资源的配置》，载于《金融研究》2005 年第 4 期，第 12 ~ 15 页。

110. 顾海峰：《商业银行信贷资金配置效率改进的机理及路径研究——基于银保协作的理论视角》，载于《当代经济研究》2013 年第 3 期，第 84 ~ 88 页。

111. 余婧：《中国金融资源错配的微观机制——基于工业企业商业信贷的经验研究》，载于《复旦学报（社会科学版）》2012 年第 1 期。

112. 江春、苏志伟：《金融发展如何促进经济增长：一个文献综述》，载于《金融研究》2013 年第 2 期，第 110 ~ 115 页。

113. 卢峰、姚洋：《金融压抑下的法治、金融发展和经济增长》，载于《中国社会科学》2004 年第 1 期，第 42 ~ 55 页。

114. 高远：《反腐败与外商直接投资：中国的经验》，载于《南方经济》2010 年第 2 期，第 15 ~ 27 页。

115. 刘华军、张权、张骞：《城镇化、空间溢出与区域经济增长——基于空间回归模型偏微分方法及中国的实证》，载于《农业技术经济》2014 年第 10 期，第 95 ~ 105 页。

116. 卢峰、姚洋：《金融压抑下的法制、金融发展和经济增长》，载于《中国社会科学》2004 年第 1 期，第 42～56 页。

117. 成力为、温源、张东辉：《金融错配、结构性研发投资短缺与企业绩效——基于工业企业大样本面板数据分析》，载于《大连理工大学学报》，2015 年第 4 期，第 20～26 页。

118. 胡祖光、张铭：《何谓"制度企业家"？谁会成为"制度企业家"？——来自组织新制度主义的观点》，载于《社会科学战线》2010 年第 10 期，第 72～77 页。

119. 马晓静：《基于制度理论与制度经济学的制度企业家精神研究述评》，载于《商业经济研究》2013 年第 27 期，第 104～107 页。

120. 邢志平、靳来群：《政府干预的金融资源错配效应研究——以中国国有经济部门与民营经济部门为例的分析》，载于《上海经济研究》2016 年第 5 期，第 34～42 页。

121. 李悦：《企业异质性、地区发展战略与资源错配——来自中国工业企业层面的经验证据》，载于《西部论坛》2017 年第 4 期，第 105～115 页。

122. 林晓言、陈俊毅：《优化我国民营企业间接融资环境政策探讨》，载于《数量经济技术经济研究》2003 年第 5 期，第 42～46 页。

123. 邵国良、张仁寿、唐宇文等：《民企制度缺陷及其改进对策》，载于《福建论坛（人文社会科学版）》2005 年第 1 期，第 28～31 页。

124. 孙明贵、雷亮：《中西部民营企业产业政策的特性分析》，载于《当代经济科学》2003 年第 5 期，第 13～16 页。

125. 郝凤霞、陈洁婷：《产业政策与民营企业创新——基于 A 股民营上市公司的实证研究》，载于《当代经济》2018 年。

126. 战明华、李欢：《金融市场化进程是否改变了中国货币政策不同传导渠道的相对效应？》，载于《融研究》2018 年第 5 期，第 24～40 页。

127. 马青、傅强、王庆宇：《地区制度变迁与金融市场化——基于城市化视角的异质性研究》，载于《经济经纬》2018 年第 35 期，第 29～37 页。

128. 康志勇：《金融错配阻碍了中国本土企业创新吗？》，载于《研究与发展管理》2014 年第 5 期，第 63～71 页。

129. 徐佳君：《作为产业政策抓手的开发性金融：新结构经济学的视角》，载于《经济评论》2017 年第 3 期，第 72～82 页。

130. 何光辉、杨咸月：《融资约束对企业生产率的影响——基于系统 GMM 方法的国企与民企差异检验》，载于《数量经济技术经济研究》2012 年第 5 期，第 19 ~ 35 页。

131. 张时坤：《融资约束、金融市场化与企业出口行为》，载于《管理世界》2018 年第 12 期，第 181 ~ 182 页。

132. 王小鲁、樊纲、胡李鹏：《中国分省份市场化指数报告 (2018)》，社会科学文献出版社 2019 年版，第 14 ~ 25 页。

133. 余明桂、潘红波：《政府干预、法治、金融发展与国有企业银行贷款》，载于《金融研究》2008 年第 9 期，第 1 ~ 22 页。

134. 高远：《反腐败与外商直接投资：中国的经验》，载于《南方经济》2010 年第 2 期，第 15 ~ 27 页。

135. 肖海莲、唐清泉、周美华：《负债对企业创新投资模式的影响——基于 R&D 异质性的实证研究》，载于《科研管理》2014 年第 10 期，第 77 ~ 85 页。

136. 刘一楠：《企业杠杆、企业投资与供给侧改革——基于面板双门限回归模型的微观证据》，载于《上海经济研究》2016 年第 12 期，第 120 ~ 128 页。

137. 孙早、肖利平：《融资结构与企业自主创新——来自中国战略性新兴产业 A 股上市公司的经验证据》，载于《经济理论与经济管理》2016 年第 3 期，第 45 ~ 58 页。

138. 罗能生、刘文彬、王玉泽：《杠杆率、企业规模与企业创新》，载于《财经理论与实践》2018 年第 6 期，第 112 ~ 118 页。

139. 王玉泽、罗能生、刘文彬：《什么样的杠杆率有利于企业创新》，载于《中国工业经济》2019 年第 3 期，第 138 ~ 155 页。

140. 邵传林、邵姝静：《财政补贴政策对企业创新绩效的激励效果评价——来自微观层面的经验证据》，载于《西安财经学院学报》2015 年第 6 期，第 5 ~ 11 页。

141. 储德银、杨姗、宋根苗：《财政补贴，税收优惠与战略性新兴产业创新投入》，载于《财贸研究》2016 年第 5 期，第 83 ~ 89 页。

142. 马嘉楠、翟海燕、董静：《财政科技补贴及其类别对企业研发投入影响的实证研究》，载于《财政研究》2018 年第 2 期，第 77 ~ 87 页。

143. 周江华、李纪珍、刘子谞等：《政府创新政策对企业创新绩效的影响机制》，载于《技术经济》2017 年第 1 期，第 57 ~ 65 页。

144. 郭娟娟、熊如意、肖建华、秦甄：《财政补贴对企业创新的影响效应及其异质性检验——基于我国上市公司的经验分析》，载于《华东经济管理》2020 年第 10 期，第 40～47 页。

145. 顾元媛、沈坤荣：《地方政府行为与企业研发投入——基于中国省际面板数据的实证分析》，载于《中国工业经济》2012 年第 10 期，第 77～88 页。

146. 董晓庆、赵坚、袁朋伟：《国有企业创新效率损失研究》，载于《中国工业经济》2014 年第 2 期，第 97～108 页。

147. 屠成杰：《财税政策对企业创新的影响及作用机制研究》，载于《经营与管理》2020 年第 8 期，第 135～139 页。

148. 白旭云、王砚羽、苏欣：《研发补贴还是税收激励——政府干预对企业创新绩效和创新质量的影响》，载于《科研管理》2019 年第 6 期，第 12～21 页。

149. 武咸云、陈艳、杨卫华：《战略性新兴产业的政府补贴与企业 R&D 投入》，载于《科研管理》2016 年第 5 期，第 19～23 页。

150. 陈林、朱卫平：《创新竞争与垄断内生——兼议中国反垄断法的根本性裁判准则》，载于《中国工业经济》2011 年第 6 期，第 7～17 页。

151. 杨慧军、杨建君：《股权集中度，经理人激励与技术创新选择》，载于《科研管理》2015 年第 4 期，第 48～55 页。

152. 李牧南、褚雁群、王流云：《专利质量的不同维度指标与托宾 Q 值的关系测度》，载于《科学学研究》2019 年第 7 期。

二、中文专著、译著

1. 《新帕尔格雷夫经济学大词典》，经济科学出版社 1996 年版，第 360、1251 页。

2. ［美］小罗伯特·B. 埃克伦德，罗伯特·F. 赫伯特：《经济理论与方法史》，杨玉生、张凤林译，中国人民大学出版社 2001 年版，第 62、64、97、98、117 页。

3. ［美］约翰·海：《微观经济学前言问题》，王询、卢崇昌译，中国税务出版社 2000 年版，第 100～147 页。

4. ［英］亚当·斯密：《国富论》，杨敬年译，陕西人民出版社 2004 年版，第 1、230、235 页。

5. 马克思：《资本论》，人民出版社 1975 年版，第 347、394、411、

417、419 页。

　　6. 马克思：《对货币流通规律的研究》，人民出版社 1972 年版，第 87 页。

　　7. ［英］阿弗里德·马歇尔：《经济学原理》，廉运杰译，华夏出版社 2005 年 6 月版，第 245 页。

　　8. ［英］马歇尔：《经济学原理》，朱志泰译，商务印书馆 1964 年版，第 309、476 ~ 477 页。

　　9. ［英］琼·罗宾逊、约翰·伊特韦尔：《现代经济学导论》，陈彪如译，商务印书馆 1982 年版，第 188 ~ 192 页。

　　10. ［美］奈特：《利润、风险与不确定性》，王宇、王文玉译，中国人民大学出版社 2005 年 11 月版，第 107、121、135 页。

　　11. ［美］约瑟夫·熊彼特：《资本主义、社会主义与民主》，吴良健译，商务印书馆 1999 年版，第 83 ~ 88 页。

　　12. ［奥］F. A. 冯·哈耶克：《个人主义与经济秩序》，贾湛、文跃然等译，北京经济学院出版社 1989 年版。

　　13. ［奥］F. A. 冯. 哈耶克：《作为一种发现过程的竞争》，载于《哈耶克论文集》，邓正来选编译，首都经济贸易大学出版社 2001 年版，第 192 ~ 198 页。

　　14. 肖林：《融资管理与风险价值》，上海三联书店 2003 年版，第 100 ~ 101 页。

　　15. 卢俊编译：《资本结构理论研究译文集》，上海三联书店 2003 年版，第 201 ~ 203 页。

　　16. 路易斯·普科曼等编：《企业的经济性质》，孙经伟译，上海财经大学出版社 2000 年版，第 75 页。

　　17. ［美］O. 哈特：《企业、合同与财务结构》，费方域译，上海三联书店，上海人民出版社 2006 年版，第 24、25、26 页。

　　18. ［美］大卫·桑普斯福特：《劳动经济学前沿理论》，卢崇昌、王询译，中国税务出版社 2000 年版，第 77 ~ 97 页。

　　19. 费方域：《企业的产权分析》，上海三联书店，上海人民出版社 2006 年 3 月新 1 版，第 287 ~ 297 页。

　　20. 周其仁：《真实世界的经济学》，中国发展出版社 2002 年版，第 186 页。

　　21. 孙永祥：《公司治理结构：理论与实证研究》，上海三联书店，上海人民出版社 2002 年版，第 169～201 页。

22. 陈郁：《企业制度与市场组织——交易费用经济学文选》，上海三联出版社 1996 年版，第 1～103 页。

23. 陈郁：《所有权、控制权与激励——代理经济学文选》，上海三联书店，上海人民出版社 2006 年版，第 138～197 页。

24. 陈国富：《委托代理与机制设计——激励理论文选》，南开大学出版社 2003 年版，第 74 页。

25. ［法］萨伊：《政治经济学概论》，商务印书馆 1963 年版，第 327 页。

26. 马克思、恩格斯：《马克思恩格斯全集》（第 25 卷），1975 年版，第 26 页。

27. ［美］彼德·德鲁克：《创新与创业精神》，张炜译，上海人民出版社 2002 年版，第 177 页。

28. ［英］马克·布劳格：《20 世纪百名经济学巨匠》，吴雅杰等译，中国经济出版社 1992 年版，第 201 页。

29. ［美］加里·贝克尔：《人力资本》，梁小民译，北京大学出版社 1987 年版，第 1 页。

30. ［美］雅格布·明塞尔：《人力资本研究》，张凤林译，中国经济出版社 2001 年版，第 203 页。

31. ［美］舒尔茨：《对人进行投资——人口质量经济学》，首都经济贸易大学出版社 2002 年版，第 35～87 页。

32. 《风险投资教程》，KB 可乐公司内部资料，第 71 页。

33. 张五常；《经济解释——张五常经济论文选》，商务印书馆 2000 年版，第 67～87 页。

34. 张五常：《分成租佃论》，芝加哥大学出版社，中文版，载陈昕主编 1994 年，《财产权利与制度变迁》，上海三联书店，上海人民出版社 1996 年版。

35. ［美］戴维·L. 韦默：《制度设计》，费方域，朱宝钦译，上海财经大学出版社 2004 年版，第 30～31 页。

36. 张维迎：《企业家的企业——契约理论》，上海三联书店，上海人民出版社 1995 年版，第 65 页。

37. 杨其静：《企业家的企业理论》，中国人民大学出版社 2005 年版，第 3、第 76、第 197、第 202 页。

38. ［美］约瑟夫·熊彼特：《经济发展理论》，何畏等译，北京商务印书馆 1990 年版，第 12~65 页。

39.［日］青木昌彦、奥野正宽：《经济体制的比较制度分析》，魏加林等译，中国发展出版社 1999 年版，第 183 页。

40.［日］青木昌彦：《企业的合作制度博弈理论》，郑江淮等译，中国人民大学出版社 2005 年版，第 78~89 页。

41. 张维迎：《博弈论与信息经济学》，上海三联书店 1996 年版，第31、第 65、第 202~204 页。

42.［美］约翰·G. 格利和爱德华·S. 肖：《金融理论中的货币》，上海三联书店，上海人民出版社 1988 年版，第 120~137 页。

43.［日］大冢久雄：《股份公司发展史论》胡企林译，中国人民大学出版社 2002 年版，第 93~93 页。

44. 张玉利：《企业家型企业与快速成长》，南开大学出版社 2003 年版，第 108 页。

45. 陈乃醒：《中小企业的信用担保》，南开大学出版社 2004 年版，第 104 页。

46. 张厚义，明立志：《中国私营企业发展报告（1978~1998）》，社会科学文献出版社 1999 年版，第 87~101 页。

47. 刘曼红：《风险投资：创新与金融》，中国人民大学出版社 1998 年版，第 271 页。

48. 陈国富：《委托代理与机制设计》，南开大学出版社 2003 年版，第 74 页。

49. 戴维·兰德斯、乔尔·莫克、威廉·鲍莫尔：《历史上的企业家精神——从古代美索不达米亚到现代》，姜井勇译，中信出版集团出版 2016 年版，第 25、第 28~42 页。

三、参考博士、硕士论文

1. 邵军：《基于组织租金理论的企业超常业绩解释》，复旦大学硕士论文，2004 年 5 月。

2. 黄亮华：《企业声誉与财务绩效关系研究》，浙江大学硕士论文第 8 页，2005 年 5 月。

3. 汪弢：《创业企业融资决策研究》，复旦大学硕士论文，2004 年 5 月。

4. 徐慧琴：《我国民营企业家成长及其生命周期研究》，华南理工大学硕士论文，2004 年 2 月。

5. 陈惠庆：《我国中小企业的融资体系研究》，华中科技大学硕士论文，2004 年 4 月。

6. 俞子耀：《我国民营企业融资体系研究——浙江民营企业融资状况实证分析》，河海大学硕士论文，2005 年 3 月。

7. 孙尧斌：《我国风险投资的现状研究》，山西财经大学硕士论文，2004 年 5 月。

8. 晏文胜：《创业融资的机理研究》，武汉理工大学博士论文，2004 年 11 月。

9. 孙昌群：《风险投资制度的自实施机制研究》，西安交通大学博士论文，2003 年 10 月。

10. 朱治龙：《上市公司绩效评价与经营者激励问题研究》，湖南大学博士论文，2002 年 4 月。

11. 娄伟：《"资本话语权"论——现代企业理论反思及我国上市公司实证研究》，复旦大学博士论文，2003 年。

12. 李薇：《风险投资的金融环境分析》，武汉理工大学硕士论文，2004 年 5 月。

13. 徐敬云：《风险投资法律问题研究》，复旦大学硕士论文，2003 年 4 月。

14. 王美芬：《企业家能力、企业家社会资本对融资效率的影响机制研究》，浙江理工大学，2014 年。

15. 于佳木：《企业智力资本与技术创新能力关系的定量分析》，大连理工大学，硕士学位论文，2006 年。

16. 孙冰：《企业技术创新动力研究》，哈尔滨工程大学，2003 年。

17. 柴玉珂：《基于财务契约理论的融资结构对企业创新绩效的影响研究》，东华大学博士论文，2017 年。

四、外文资料

1. Mirrlees. J. Note on Welfare Economics, information and Ucertain, in M. Balch, D. Mc Fadden and S. Wu, edus, essay on economic Behavior Under Uncertainty, Amsterdan: NorthHolland, 1974: 6 – 13.

2. Mirrlees. J. The optimal Structure of Incentives and Authority within an Organization, Bell Joural of Economics, 1976 (7): 5 – 31.

3. Holmstrom. B. Moral Hazard and Observability, Bell Joural of Economics, 1979 (10): 74 – 91.

4. Jensen and Meckling. Theory of the firm: managerial behavior, agency cost and owership structure, The Journal of Financial Economics, 1976: 305 – 360.

5. Aghion. P and Bolton. P. "An incomplete contract" approach to financial contracting, Review of Economic Studies, 1992 (59): 473 – 494.

6. Armen, Alchian and Harold Demseze. Production, information cost and Economic Organization, American Economic Review, 1972: 3 – 7.

7. Coase, Ronald. The Nature of the Firm, Economica, 1937 (4): 386 – 405.

8. Grossman and Hart. The Costs and Benefits of Ownership: A Theory of Vertical and Lateral Integration, 1986, Journal Political Economy, 1994 (4): 691 – 719.

9. Hart Oliver and John Moore. Property Rights and the Nature of the Firm, Journal of Political Economy, 1990, 98 (6): 1119 – 1158.

10. Hart Oliver and John Moore. Foundations of Incomplete Contracts, Review of Economic Studies, 1999a, Vol. 66: 115 – 138.

11. Klein, Benjamin, Robert Crawford and Armen Alchian. Vertical Integration, Appropriable Rents, and the Competitive Contracting Process, Journal of Law and Economics, 1978, 21 (2): 297 – 326.

12. Tirole Jean. Incomplete Contracts: Where do we stand?, Econometrica, 1999, Vol. 67: 741 – 747.

13. Williamson, Oliver. The Lens of Contracts: Private Ordering, American Economic Review, Papers and Proceedings, 2002, 92 (2): 438 – 443.

14. Williamson, Oliver. The economic Institutions of Capitalism: Firm, Market, and National contracting, 1985, New York: Free Press. 62 – 67.

15. Becker Gary and Murphy Kevin. The Division of Labor, Coordination Costs, and Knowledge, The Quarter Journal of economic, November 1992, Vol. VII: 1137 – 1159.

16. Hayek. The Use of Knowledge in Society, The American Economic Review, 1945, Vol. 35, No. 4: 519 – 530.

17. Leibenstein. Entrepreneurship and Development, American Economic

Review, 1968, Vol. 58: 32 – 39.

18. Kizner, Israel M. Competition and Entrepreneurship, Chicago and London The University of Chicago Press, 1973.

19. Krizner, I. , M. 1997, Entrepreneurial Discovery and the Competitive Market Process: An Austrian Approach, Journal of Economic Literature, 1997, Vol. XXXV : 60 – 85.

20. Casson, Mark. the Entrepreneur: An Economic theory, Xford, Martin Robertson.

21. Steven. L. Wattick. Measuring corporate reputation: Definition and data, Business and Society, 2002, 1 (4): 371 – 393.

22. Alan. D. Morrison and William. J. Wilhelm, Jr. Reputation and Human Capital, The American Ecomomic Review, 2004, 94 (5): 1682 – 1692.

23. David, Kreps, Paul R. Milgrom, D. , John Roberts and Robert Wilson. Rational cooperation in the finitely repeated prisoner's dilemma, Journal of Economic Theory, 27: 245 – 252, 198.

24. Fama. Agency Problems and The Theory of Firm, Journal of political Economy, 1980, Vol, 88, No. 2: 288 – 307.

25. Holmstrom, Bengt. Managerial: Incentive Problems – A Dynamic Perspective, NBER working paper 6875, 1999 (1): 17 – 19.

26. Edward Hall, Beyond Culture. New York, Doubleday, 1976 (2): 312 – 318.

27. Allen N. Berger and Gregory F. Udell. The Economics of small business: The role of private equillty and debt market in the financial growth cycle, Journal of Banking and Finance, 1998: 613 – 673.

28. Penrose, Edith Tilton. The Theory of Growth of The Firm. Oxford University Press, 1959: 118 – 119.

29. Van Leeuwen, Marco H. D. , and James E. Oeppen. Recon structing the Demograp, – hic Regime of Amsterdam 1681 – 1920. Economic and Social History in the Netherlands, 1993: 61 – 102.

30. Harkness, Georgia. obn Calvin: The Man and His Ethics. New York: Henry Holt and Company, 1958 (2): 62 – 69.

31. Stabel, Peter. Guilds in the Late Medievalw Countries: Myth and Reality of Guild Life in an Export – Oriented Environment. Journal of Medieval Histo-

ry, 2004, 30: 187 – 212.

32. Frank, Tenney. An Economic Survey of Ancient Rome. Rome and Italy of the Republic. Baltimore: Johns Hopkins Press, 1933 (1): 22 – 29.

33. Finley, Moses. The Ancient Economy. Berkeley and Los Angeles: University of California press, 1973 (2): 129 – 132.

34. Badian, Ernst. Publicans and Sinners: Private Enterprise in the Service of the Roman Republic. Ithaca, NY: Cornell University Press, 1972 (10): 231 – 276.

35. Alexander P J, Jones A H M. The Later Roman Empire 284 – 602. A Social, Economic and Administrative Survey [J]. The American Journal of Philology, 1996, 87 (3): 337.

36. Leemans. The Old – Babylonian Merchant: His Business and His Social Position. Leiden: E. J BrilL, 1950 (8): 112 – 119.

37. Douglass, C. North&Robert P. Thomas. The Rise of the West Word: A New Economic History. London : Cambridge University Press, 1973 (3): 121 – 123.

38. William, J. Baumol. Entrepreneurship in Economic Theory. The American Economic Review, 1968, 58 (2): 64 – 71.

39. Acemoglu, Daron and Simon Johnson. Unbundling Institutions. Journal of Politics Economics, 2005, 98 (5): 1111 – 1149.

40. Altomonte, C. , Gamba, S. , Mancusi, M. L. and Vezzulli, A. R&D investments, financing constraints, exporting and productivity. Economics of Innovation and New Technology, 2015 (7): 87 – 92.

41. Antonia, M. – G. , Domingo, G. – P. – d. – L. and Howard, V. A. Financing constraints and SME innovation during economic crises. Academia-revista Latinoamericana De Administracion, 2016 (3): 1182 – 1189.

42. Hall, B. H. , Moncada – Paternò – Castello, P. , Montresor, S. and Vezzani, A. Financing constraints, R&D investments and innovative performances: new empirical evidence at the firm level for Europe. Economics of Innovation and New Technology, 2016, 25 (3): 183 – 196.

43. Simachev, Y. , Kuzyk, M. and Feygina, V. Public support for innovation in Russian firms: looking for improvements in corporate performance quality. International Advances in Economic Research, 2015, 21 (1): 13 – 31.

44. Cooke P. Regional innovation systems, clusters, and the knowledge economy. Industrial & Corporate Change, 2001, 10 (4): 945 – 974.

45. Krugman P. Increasing returns and economic geography. Journal of Political Economy, 1991, 99: 183 – 199.

46. Bosma N, Schutjens V. Understanding regional variation in entrepreneurial activity and Entrepreneurial attitude in Europe. The Annals of Regional Science, Springer, 2011 (3): 113 – 136.

47. Nystrom Kristina, "The Institutions of Economic Freedom and Enterpreneurship: Evidence from Panel Data", Ratio Working Papers, 2008 (4): 114.

48. Andersson M, Koster S. Sources of persistence in regional start-up rates-evidence from Sweden. Journal of Economic Geography, 2011, 11 (1): 179 – 201.

49. Asheim and Isaksen. Regional Innovation Systems: The Integration of Local "Sticky" and Global "Ubiquitous" Knowledge. The Journal of Technology Transfer, 2002, 27 (1): 77 – 86.

50. Hsien, C. and Klenow P J.. Allocation and manufacturing TPF in China and India, Quarterly Journal of Economics, 124 (4): 1403 – 1448.

51. Guariglia A., Ponct S. Are Financial Distortions an Impediment To Economic Growth? Evidence from China. CEPII Working Paper, 2006 (8): 21 – 37.

52. Cull R, Xu L. Who Gets Credit? The Behavior of Bureaucrats and State Banks in Allocating Credit to Chinese State-owned Enterprises. Journal of Development Economics, 2003 (2): 533 – 559.

53. Song Z., Storesletten K., Zilibotti F. Growing Like China. Zurich University Working Paper, 2008, 21 (5): 27 – 47.

54. Brandt, L., T. Tombe & X. Zhu, "Factor market distortions across time, space and sectors In China" Review of economoic Dynamics, 2013 (1): 39 – 58.

55. Bianchi, M., "Credit constraints, enterpreneurship talent, and economic development", Small Business Economics, 2010 (1): 93 – 104.

56. Davidsson P, Honig B. The role of social and human capital among nascent entrepreneurs. Journal of Business Venturing, 2003, 18 (3): 301 –

331.

57. Goetz S. , Freshwater D. State – level determinants of entrepreneur-shipand a preliminary measure of entrepreneurial climate. Economic Development Quarterly, 2011, 15 (1): 58 – 70.

58. Anselin L. Spatial econometrics: Methods and models. Dordrecht: Kluwer Academic Publisher. 2009 (6): 65 – 68.

59. Du, J. L. , Yi, L. and Tao, Z. G, "Bank Load and Trade Credit under China's Financial Repression", paper presented at the China International Conference, 2004 (7): 7 – 10.

60. Claessens S. , Tzionmis K. Measuring firms access to finace. World Bank, 2006: 78 – 79.

61. Hsien, C. &Klenow P J. (2009), Allocation and manufacturing TPF in China and India, Quarterly Journal of Economics, 124 (4): 1403 – 1448.

62. Dagum, C. A. , New Approach to the Decomposition of the Gini Income Inequality Ratio. Empirical Economics, 1997, Vol. 22: 515 – 531.

63. Anselin L. Spatial econometrics: Methods and models. Dor- drecht: Kluwer Academic Publisher. 2009 (6): 65 – 68.

64. Welch B. I. Corporate research & development investments international comparisons. Journal of Accounting and Economics, 1995.

65. Billings B A, Fried Y . The Effects of Taxes and Organizational Variables on Research and Development Intensity. R&D Management, 1999, 29 (3): 289 – 302.

66. Chiao, Chaoshin. Relationship between debt, R&D and physical investment, evidence from US firm – level data [J]. Applied Financial Economics, 2002, 12 (2): 105 – 121.

67. Elisabeth Müller, Zimmermann V . The Importance of Equity Finance for R&D Activity: Are There Differences Between Young and Old Companies?. Small Business Economics, 2009, 33 (3): 303 – 318.

68. Occhino F, Pescatori A . Debt Overhang in a Business Cycle Model. European Economic Review, 2015, 73: 58 – 84.

69. SAUL L. Do R&D Subsidies Stimulate or Displace Private R&D? Evidence from Israel. The Journal of Industrial Economics, 2002, 50 (4): 369 – 390.

70. González X. , Pazó C. Do Public Subsidies Stimulate Private R&D Spending？. Research Policy，2007，37（3）：371 − 389.

五、相关网站

1. 新华网，2015 年 11 月 18 日，http：∥www. xinhuanet. com/world/2015 − 11/18/c_1117186815. htm。

2. 劳动网理论动态，http：∥www. labournet. com. cn/lilun。

3. 中国公司治理网，http：∥www. cnpre. com/infophp/index. php？moduule = show&id = 4802。

4. 思想评论网，http：∥www. lyyz. cn/YWYD/jiaoshicankao/sixiangqian-yan/sixiangpinglun/index. htm。

5. http：∥www. top188. com/archive/mingren/mingrendangan. php？num = 1689。

6. http：∥www. live365. cn/live365/cj200621310451685296. html，创投在中国：坐上"开往春天的地铁"。

7. 世联新纪元律师事务所网站，http：∥www. c-linklaw. com/Sim _cn/index. htm。

8. 中国创业网，www. wineast. com。

9. 中国财会网，http：∥www. e521. com/ckwk/sslw/lxp/0004a. htm。

10. 经管之家，http：∥www. pinggu. org/bbs/。